一座等了你三千年的城

成语典故篇

王兴 编著

丁伟 主编

河北出版传媒集团
河北教育出版社

图书在版编目（CIP）数据

一座等了你三千年的城.成语典故篇/丁伟主编；王兴编著.--石家庄：河北教育出版社，2020.9（2023.6重印）
ISBN 978-7-5545-5838-6

Ⅰ.①一… Ⅱ.①丁…②王… Ⅲ.①文化名城-介绍-邯郸②汉语-成语-典故-邯郸 Ⅳ.①K922.23②H136.31

中国版本图书馆CIP数据核字（2020）第099945号

书　　名	一座等了你三千年的城——成语典故篇
主　　编	丁　伟
编　　著	王　兴

出 版 人	董素山
策　　划	刘相美
责任编辑	任晓霞　石　妲
装帧设计	李关栋
出版发行	河北出版传媒集团
	河北教育出版社 http://www.hbep.com
	（石家庄市联盟路705号，050061）
印　　制	河北新华第一印刷有限责任公司
开　　本	880mm×1230 mm　1/32
印　　张	6.75
字　　数	113千字
版　　次	2020年9月第1版
印　　次	2023年6月第2次印刷
书　　号	ISBN 978-7-5545-5838-6
定　　价	40.00元

版权所有，翻印必究

一座等了你三千年的城（代序）

王维中

这是一片长满了故事的土地，这是一座等了你三千年的城。

太行山劲烈的风，华北平原酣畅的雨，烈酒浇透的汉子和踮着脚尖飞旋的舞娘是故事里幻化不完的背景。

赵瑟鸣时，英雄去也；云烟深处，城阙杳然。那是少年秦始皇乘车别去时最后回眸的朱家巷，那是貊裘胡服的武灵王登高北望的古丛台，那是蔺相如回车的城内中街，那是李牧祭旗出征的赵王城阙。照眉池边，落红似雨；插箭岭上，晓月如霜。

风，在暮鼓晨钟里吹散了英雄的背影，却在断纸余墨里惊起满天星华。

这里是荀子故里。毛公也在此注传《诗经》。公孙龙客相府论"白马非马"，卓文君徙川蜀作《白头吟》。太白登楼而题句，乐天潜夜而思家。漳河照晚，文姬弹筘抱愤；铜雀春深，孟德横槊赋诗。对酒当歌，人生几何？让多少后人在慷慨悲歌里梦回建安。

梦回时耿耿不忘的，还有西汉"富冠海内"的都市繁华，还有被洪水深埋于地下的北宋陪都——东方的庞贝古城，以及卢生在城角旅店里的一枕黄粱。

故事是岁月的刻度。这城，一锹下去，就可能挖出一段淹没千年的故事，或温润，或悲凉。

风过，雨过，把故事拶成字，在烈日下晒成一片片成语，随着滏阳河流向远方，流进千年后你的血液，化作你唇间的壮烈和笔底的闲愁。

往事越千年。悠悠古城，也曾潜光埋剑，也曾猿鹤虫沙……

直到女娲炼石补天的莽莽太行进驻了129师的九千将士，直到开国领袖毛泽东亲临视察，指引了复兴之路，才使这蔓草荒烟的古城浴火重生。

斗转星移间，一个现代化的钢都、中国国家园林城市、全国文明城市横空出世，完成了三千年后的华丽转身，再造了一个活力四射的现代都市。

历史轮回，重现的不只是繁华。比繁华更珍贵的是文脉相承的自信，比自信更珍贵的是阅尽兴衰的从容，比从容更珍贵的是周公吐哺的襟怀。呦呦鹿鸣，食野之苹。我有嘉宾，鼓瑟吹笙。

文化是精神的血脉。所有华夏子孙到此都是追本溯源。别说学步，只是甄心，抚摸灵魂深处的那个你。

蒹葭苍苍，彼黍离离。三千年，不过一壶老酒的距离。你若来，很近；不来，很长。

为了等你，她三千年名字不改。沧海桑田，她是怕你找不到回家的路，是为了你回来还能轻唤她的名字：邯郸。

写在前面的话

在这座等了你三千年的城，有一种美好叫际遇。因为她，所有人心意相通；因为她，是我们彼此确认过的"眼神"。

这座城，李白爱过，杜甫爱过，乾隆爱过……你更爱过。顺着她的肌理与纹路，我们能够触摸到她的言外之意。

三家分晋，赵敬侯迁都邯郸，赵国兴衰232年，孕育了灿烂辉煌的古赵文化，同时也为中国积淀了一笔笔丰富多彩的历史文化遗产——妇孺皆知的成语文化就是其中一颗最为璀璨的明珠。众多邯郸成语典故，读来令人朗朗上口，至今仍被广泛应用。邯郸成为"中国成语典故之都"实至名归。

本书撷取的成语，是精华，其编者是邯郸学者、成语文化专家，每一条成语，都对照历史史料进行了认真挖掘和梳理，广征博引、去伪存真、翔实可信。通过阅读，我们寄希望于获得历史的智慧和启迪，得到人文的关怀与跃升，让你悄悄地爱上这座城。

目录

寓言传说 【壹】

女娲补天 003
鹬蚌相争 006
惊弓之鸟 009
邯郸学步 012
井底之蛙 015
南辕北辙 018
罗敷采桑 022
梅开二度 026
黄粱美梦 030

历史事件 【贰】

鲁酒薄而邯郸围 037
围魏救赵 040
因势利导 044
胡服骑射 048
危如累卵 056
四战之地 060
不可同日而语 064
价值连城 068
完璧归赵 072
渑池相会 079

负荆请罪 084
纸上谈兵 090
窃符救赵 095
旷日持久 099
奉公守法 103
丛台置酒 106

人物故事 叁

简子放生 113
河伯娶妻 116
难至节见 119
市道之交 124
犹豫不决 127
毛遂自荐 133
奇货可居 139
文姬归汉 144
冲锋陷阵 151
快刀斩乱麻 155
宁为玉碎,不为瓦全 158
瓜田李下 162
脑满肠肥 166

成语景观

- 女娲补天与娲皇宫 173
- 河伯娶妇与西门豹祠 177
- 围魏救赵与大名马陵道 180
- 邯郸学步与学步桥 182
- 负荆请罪与回车巷 185
- 罗敷采桑与罗敷潭 188
- 文姬归汉与铜雀台 191
- 黄粱美梦与吕仙祠 194
- 梅开二度与武灵丛台 198

寓言传说

壹 —— 寓言传说

女娲补天

伏羲女娲图
唐代
国家博物馆藏

传说盘古开天地后,有一位人首蛇身的女神,名叫女娲,她抟土造人,使人类繁衍生息。镇守北方的水神共工十分不满,于是兴风作浪,前来挑战。女娲即令火神祝融前去迎战,经过殊死搏斗,最后祝融打败了共工。共工恼羞成怒,一头撞向不周山。不周山是支撑天地间的擎天柱,顿时天空塌陷了一个大窟窿,暴雨如注,洪水泛滥成灾,龙蛇猛兽也出来吞食生灵,人类面临着空前的灾难。

女娲目睹眼前的惨状,感到无比痛心,于是决心炼石补天,来拯救处于水火之中的人类。她选来五色石子,架起火将它们熔化成浆,把天上塌陷的窟窿填好,五色的彩石形成了天上灿烂的彩虹和霞光。随后她又斩下一只大龟的四脚,当作四根柱子,把倒塌的天支撑起来。她还用大量芦草烧成的灰,堵住了四处漫流的洪水。但这场特大的灾祸还是留下了痕迹,因位于西北的擎天柱断裂,所以天有些向西北倾斜,故有"天倾西北"的说法,太阳、月亮和众星辰都很自然地归向西方,又因为地向东南倾斜,所以一切江河都往东南汇流。

经过女娲的一番辛劳整治,苍天补上了,地洼填平了,洪水止住了,龙蛇猛兽敛迹了,人们又重新过上了安居乐业的生活。

典故出自《淮南子·览冥篇》:"往古之时,四极废,九州裂,天不兼复,地不周载,火爁焱而不灭,水浩洋而不息,猛兽食颛民,鸷鸟攫老弱。于是女娲炼五色石以补苍天,断鳌足以立四极,杀黑龙以济冀州,积芦灰以止淫水。"

女娲画像石

鹬蚌相争

鹬蚌相争雕塑

战国时期，赵国准备攻打燕国，燕王便让苏代出使赵国，劝说赵王不要出兵。苏代是游说家苏秦的弟弟，他来到邯郸赵王城后拜见了赵惠文王。

赵惠文王知道苏代是为燕国当说客来了，便等着他说些什么，苏代避开赵国攻伐燕国的事不谈，给赵惠文王讲了一则故事。他说这次到赵国来，经过易水的时候，看见一只河蚌正张开蚌壳，在河滩上晒太阳。这时有只鹬鸟来到河蚌身边，就伸出长嘴去啄蚌肉。河蚌急忙将两片蚌壳闭合，把鹬鸟的嘴紧紧夹住。鹬鸟用尽力气，怎么也拔不出嘴来。鹬鸟威胁河蚌说："如果你不张开壳子，今天不下雨，明天不下雨，就会晒死你！"河蚌也不示弱，它对鹬鸟说："我把你狠狠钳住，今天不放你，明天不放你，就会憋死你！"鹬鸟

和河蚌相持不下，它们两个谁也不肯放开谁，死死地纠缠在一起。这时恰巧有一个渔夫走过来，毫不费力地伸手把它俩一起捉走了。

苏代讲完故事，然后转入正题，对赵惠文王说："听说赵国准备进攻燕国，如果真的打起来，燕、赵两国将会长期相持不下，弄得疲惫不堪。我担心强大的秦国会像渔翁那样，乘机把赵、燕两国一起吞并掉。希望大王慎重考虑。"赵惠文王觉得苏代的话很有道理，于是取消了进攻燕国的计划。

典故出自《战国策·燕策二》："两者不肯相舍，渔者得而并禽之。"

鹬蚌相争：鹬，一种水鸟；蚌，一种生活在河、湖中的软体动物，体外有两片硬壳。"鹬蚌相争"常常和"渔人得利"连用，用来比喻双方争执不下，使第三者得利。

壹 —— 寓言传说

惊弓之鸟

惊弓之鸟

公元前241年，赵、楚、燕、魏、韩五国决定再次实行"合纵"政策，联合抗秦。赵王认为由五国组成的联军，兵力虽然强大，但是如果没有一名智勇双全的大将来指挥，还是难以战胜勇猛的秦军。为此，赵王特意派魏加出使楚国，询问让谁来担当联军的统帅。

当时的楚国由春申君黄歇执掌军政大权，魏加听黄歇说准备叫临武君出任主将时心想：临武君跟秦国作战曾吃过大败仗，其内心一定十分畏惧秦国，怎能让他担当主将呢？但出于礼貌，他又不便直说。于是，他笑着对黄歇说："我年轻的时候爱射箭，知道一个射箭的故事。您有兴趣听吗？"黄歇说："当然愿意听。"

春申君
明刊本·东周列国志

于是，魏加给黄歇讲了下面的故事：魏国有个著名的射手，名叫更羸。他的箭术很高明，百射百中。有一天，更羸跟魏王在京台下散步，仰头看见几只大雁在天空飞过。更羸对魏王说："我只拉弓，不射箭，就能把空中的大雁射下来。"魏王半信半疑。过了一会儿，一只大雁从东方飞来，更羸便拉满弓弦，猛一松手，只听"崩"的一声，大雁便应声坠落下来。

魏王又惊又喜，问更羸："用空弓虚射，怎么也能射下鸟来呢？"更羸解释说："用空弓是射不下鸟来的。这只雁之所以落下来，是因它受过伤的缘故。"在它伤痛没好、惊魂未稳的时候听见弓弦的声响，于是急忙拼命高飞，结果旧伤破裂，疼痛难忍，所以支持不住就掉了下来。"魏王点点头，觉得更羸讲得很有道理。

故事讲完后，魏加对黄歇说："临武君曾被秦国击败过，慑于秦军的威力，就像这只惊弓之鸟，他是不能担当抗秦将领的。我希望您能重新考虑。"

典故出自《战国策·楚策四》："雁从东方来，更羸以虚发而下之。……对曰：'其飞徐而鸣悲。飞徐者，故疮痛也；鸣悲者，久失群也。故疮未息，而惊心未去也。闻弦音引而高飞，故疮陨也。'"

惊弓之鸟：比喻因受过惊吓或遭过不幸，所以变得过分胆小怕事。原为"伤弓之鸟"，后为"惊弓之鸟"。

邯郸学步

邯郸学步雕塑

相传战国时候,赵都邯郸人走路的姿势特别优美。北方燕国的寿陵有个青年人,不顾路途遥远,跋山涉水,专程来到邯郸,学习当地人走路的姿势。

到了邯郸,寿陵青年顾不得休息,便极为认真地向邯郸人学起走路来。他先是整天待在邯郸的闹市中,观看人家怎样走路,边看边琢磨邯郸人走路的特点,又模仿着走路,可是学来学去,总是不像。

一天他来到一座小桥旁,站在桥侧看邯郸人走路,把邯郸人走路的姿态看得清清楚楚,看一会儿,便到桥上模仿一阵,可是连学了几个月,还是没学会。他想也许自己走了二十多年路,习惯于原来的步法,所以学不好,于是下决心丢掉原来的步法,从头学起。但是学来学去,越学越差劲,最后不但没有学会邯郸人的步法,反而把自己原来的步法也忘掉了。时间一长他的钱已经

明代风格的学步桥

邯郸学步邮票

花光,不得不返回寿陵,可是他已经忘记怎样走路了,只好狼狈地爬了回去。

唐代诗人李白曾用这个典故写出了"寿陵失本步,笑煞邯郸人"的名句。现在邯郸市区城中街有座跨沁河两岸的石拱桥,明代万历四十五年(公元1617年)始建,今人重修,人称"学步桥",它就是根据这个故事命名的。

典故出自《庄子·秋水》:"且子独不闻寿陵余子之学行于邯郸与?未得国能,又失其故行矣,直匍匐而归耳。"

邯郸学步:比喻生搬硬套,机械地模仿别人,不但学不到别人的长处,反而会把自己的优点和本领也丢掉。也写作"学步邯郸"。

壹
——寓言传说

井底之蛙

井底之蛙插画

战国时期，赵国有一位著名的学者，名叫公孙龙，他禀性聪敏，学识丰富，很受人尊敬。他也认为自己学识渊博，无人可比。一天，他遇见了庄子，听了庄子的一番宏论后，佩服得五体投地。他对魏国的公子魏牟说："庄子的理论气势恢宏，原来世界上还有这么高明的学者呀！"魏牟笑道："你的话很对呀！"接着给他讲了"井底之蛙"的故事。

一口废井里住着一只青蛙。它高兴时在井里跳来跳去，天热时在水中游上游下，活得逍遥自在。

有一天，青蛙在井边碰上了一只从东海来的大龟。青蛙就对海龟炫耀说："你看，我住在这里多快乐呀！高兴的时候，就在井栏边跳跃一阵，累了就回到井壁砖洞里休息。有时把身子泡在水里，只露出头和嘴巴，或者愉快地在软绵绵的稀泥里散步。看看那些小虫、螃蟹和蝌蚪，他们谁能比得上我呢！而且我独自占据这口井，在水里自由自在，你为什么不常到井里来游赏呢！"

海龟听了青蛙的一番高谈阔论后，很想进去看看。但它的左脚还没有整个伸进去，右脚就被井栏绊住了。它只好后退了几步，反问青蛙说："你见过大海吗？海的广大，岂止千里；海的深度，何止千丈。古时候，十年有九年发大水，海水并不因此增加多少；八年里有七年闹旱灾，海水也不因此而减少。可见，大海是不受旱涝影响的，住在广阔的大海里才是真的快乐呀!"

井蛙听了海龟的一番话,吃惊地呆在那里,这才知道井外还有这么大的天地。它又惊奇又惭愧,感到自己的见识太渺小了。

讲完故事后,魏牟对公孙龙说:"一只井底之蛙怎能理解海的宽广与博大呢?用肤浅有限的知识和经验,想去体会深奥无穷的学问,那就如同用竹管来观察天,用锥子来探测地,又怎能了解天地的宽阔。不过,从另一方面说,你也不必全部否定自己而去全盘模仿庄子。你应该有自己独特的见解。否则就会像邯郸学步一样,没有学到别人的长处,反而把自己原有的东西也丢掉了。"听了魏牟的话,公孙龙觉得豁然开朗。

> 典故出自《庄子·秋水》:"公孙龙问于魏牟曰:'吾自以为至达已。今吾闻庄子之言,汒然异之。不知论之不及与,知之弗若与?今吾无所开吾喙,敢问其方。'公子牟隐机大息,仰天而笑曰:'子独不闻夫坎井之蛙乎?'"
>
> 井底之蛙:比喻目光短浅、见识狭隘、妄自尊大的人。

南辕北辙

御车图
洛阳东汉墓壁画

战国时期，魏国大夫季梁出使赵国，在途中忽然听说魏安釐王准备出兵攻打赵国，他认为这对于魏国极为不利，于是他急匆匆返回魏国，衣服顾不得换，脸也顾不得洗，匆忙去见魏王。魏王看他风尘仆仆地慌忙赶来，觉得很奇怪，便问："你不是说要走很久吗？怎么这么快就回来了？难道有什么紧急的事吗？"

季梁沉下气说道："事情并不算特别急，我在路上遇见了一件怪事，想尽快告诉您，所以就赶紧回来了。"魏王问："是件什么样的怪事呢？"季梁说："我这次出使到赵国，走到太行山脚下时看见一辆马车由南向北行驶，乘车人告诉我说他准备到楚国去。我觉得他走的方向不对，便问他：'您到楚国去，为什么不朝南走反而向北去呢？难道你不知道楚国在南边吗？'那人指着车辕上的马说：'没关系，我的马好，跑得快！'我说：'你的马虽然好，可你走的并不是去楚国的路呀？'那乘车人又指着身边鼓囊囊的口袋说：'不怕，我带的路费多。'我说：'你路费多又有什么用呢？这可不是去楚国的路呀。'那乘车人仍不肯听，又指着马夫说：'我的车夫赶车的本领高！'我说：'你的这些条件再好，如果朝北去，也只能是离楚国越走越远呀！'眼看着那人向北疾驰而去，您看急人不急人！"

魏王听了觉得好笑，说："天下哪有这么糊

汉墓出土的车马出行图

涂的人！"

季梁说："这样的糊涂人不光赵国有，我们魏国也有。"魏王有些怀疑："怎么，我们魏国也有？"季梁直言道："是的，比如魏王您吧，您的志向是要建立霸业，成为诸侯的首领。可是您却倚仗国家的强大与军队的精锐，用攻打赵国的办法来扩大地盘、抬高威望。您这样攻打别国的次数越多，离您的志向就会越来越远。这正像那个乘车的人，想去楚国反而朝北走一样啊！"听到这里，魏安釐王恍然大悟，立即撤销了伐赵的计划。

典故出自《战国策·魏策四》："魏王欲攻邯郸，季梁闻之……往见王曰：'今者臣来，见人于大行，方北面而持其驾，告臣曰：我欲之楚。……今王动欲成霸王，举欲信于天下。恃王国之大，兵之精锐，而攻邯郸，以广地尊名。王之动愈数，而离王愈远耳。犹至楚而北行也。'"

南辕北辙："辕"，本是车体的一部分，在这里代表车；辙，是车轮轧出来的痕迹，这里指"道路"。用来比喻做事背道而驰，行动和目的相反。

罗敷采桑

敷女
遇固秋桑葉同織之素
禾終未雜數秦地雖堪
與是天仙謁九州

罗敷女
明·仇英
国家博物馆藏

东汉时期实行郡国分封制,光武帝刘秀将他的叔父刘良封为赵王,驻守邯郸。

秦罗敷是邯郸城里尽人皆知的美女,清纯秀丽、身材窈窕、衣饰华丽,因而看见她的人,莫不为之心旌摇曳。她十八岁那年嫁给当地的王仁做妻子,王仁在赵王府中担任千乘的职务,每天早出晚归,非常忙碌。秦罗敷则在家采桑养蚕,两人夫唱妇随,情爱弥笃。

春暖花开的季节,邯郸城外踏青的游人往来如织,嫩柳如丝,桃红李白,赵王高车驷马经过一带桑林,听见桑林中传来一阵银玲般的笑声,只见桑林中有几个身穿红衣的少女手挽柔枝正在采摘桑叶。

赵王刘良趁着几分酒意步入林中,看到秀艳动人的罗敷,禁不住怦然心动,难以自持,便上前调笑。罗敷不为所动,赵王悻悻而回。后来,赵王得知罗敷是千乘王仁的妻子,虽然行为有所收敛,但又心有不甘,经过一番谋划,决定采取利诱的手段。若罗敷是贞烈女子,自然不能相求;若罗敷是轻浮女子,许以金帛,便可纳入宫中。

一日,赵王摆下宴席,邀请秦罗敷前来赴宴,然后再相机行事。秦罗敷如约而来,赵王以礼相待,酒过三巡,赵王开怀畅饮,已有几分酒意。就在赵王想要出言不逊时,秦罗敷不慌不忙地说,要为他弹唱一曲乐府歌辞,以助酒兴。于是,秦罗敷以纤纤玉手拨动筝弦,轻启朱唇,一曲著名的《陌上桑》就这样产生了。

《陌上桑》一名《艳歌罗敷行》,又名《日出东南隅行》,是一篇喜剧性的叙事诗。

全诗描写了一位名叫秦罗敷的美女在城南隅采桑,人们见了她都爱慕不已,正逢一个"使君"经过,问罗敷愿否跟他同去,罗敷断然拒绝,并自豪地夸耀自己的夫君和美满的婚姻。

在诗中她用"使君"来暗指赵王,以"使君

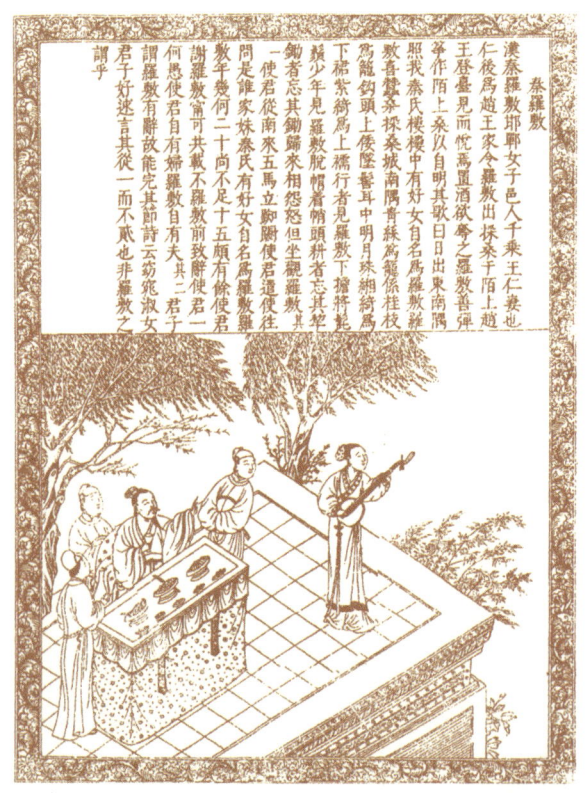

秦罗敷
列女传
明·仇英

蚕织图
南宋
黑龙江博物馆藏

自有妇,罗敷自有夫"婉拒赵王的邪念,既不伤赵王的面子,也保住了自己的名节。赵王听后心里感到很惭愧,只好怅然离席。从此,这首歌颂采桑女秦罗敷美貌与坚贞的《陌上桑》流传开来。

> 典故出自崔豹《古今注》:"《陌上桑》者,出秦氏女子。秦氏邯郸人,有女名罗敷,为邑人千乘王仁妻。王仁后为赵王家令。罗敷出采桑于陌上,赵王登台,见而悦之,因饮酒欲夺焉。罗敷乃弹筝,乃作陌上歌以自明焉。"

梅开二度

二度梅雕塑

唐朝肃宗年间，朝廷腐败，奸相卢杞专权。山东历城县令梅魁经吏部尚书陈日升保举成为朝臣。忠臣梅魁不畏权贵，秉公直言，因此得罪了奸相卢杞。卢杞诬告梅魁勾结敌国谋反，皇上盛怒，传旨将梅魁全家诛杀。梅魁之子梅良玉，因外出游学侥幸免遭杀害，后隐姓埋名，逃难在外。

吏部尚书陈日升也因此受到株连，被削职为民，返回故里。来年梅花盛开，陈尚书眼望斗寒盛开的梅花，不禁想起了被残害的故友梅魁，忙命家人在梅花前祭奠梅魁的亡灵。不料狂风大作，将花园中盛开的梅花吹得纷纷落地，陈日升黯然神伤。

流落到陈府当了书童的梅魁之子梅良玉，夜晚独自在园中梅树前祭奠亡父，哭得痛不欲生，并许诺如果父亲的冤情昭雪，愿梅花二度重开。他的诚心感动了天地，梅花果然二度怒放。陈尚书得知书童是梅良玉时，喜出望外，又见其人品、才识俱佳，遂将女儿陈杏元许配梅良玉为妻，准备择日完婚。

不料卢杞又生奸计，传旨强令陈杏元去北国和番。杏元为保全家性命，只能忍辱离别。梅良玉送至边陲重镇邯郸，夫妻二人在丛台惜别，依依不舍，陈杏元赠钗以示忠贞。

陈杏元出塞途中，路经王昭君庙时纵身跳下落雁崖，想粉身自尽，却幸运地为昭君神所救。

丛台

二度梅书影

神风将她飘送到河南节度使邹伯符家,被收为义女,梅良玉也改姓投奔到邹家为幕僚,两人重新团聚。后梅良玉赴京高中,向皇上禀明冤情,皇上降旨除了奸党,梅家终于陈冤昭雪,最终陈梅二人奉旨择吉日完婚。

如今,在雄伟的丛台上仍镌刻着"夫妻南北,兄妹沾襟"八个苍劲大字。

典故出自清代惜阴堂主人编写的长篇小说《二度梅》。

梅开二度:比喻好事重来或第二次机遇的到来。

黄粱美梦

吕洞宾像
宋·梁楷

唐开元七年（公元719年），有个名叫卢生的青年书生，到京城参加考试。傍晚时分，他投宿在邯郸道旁的一家旅店，并且遇见一位名叫吕翁的道士，两人一见如故，谈笑风生。言谈中卢生看见自己破旧的衣衫，不禁长叹道："人生在世，应该建树功名，享受荣华富贵，可我如今却一事无成，恳求道长为我指点迷津。"吕翁听后沉默不语，从行囊中取出一方青瓷枕，让他依枕而睡。此时店主人刚刚煮上一锅黄澄澄的小米饭，卢生在烧饭的袅袅炊烟中渐入梦境。

睡梦中的卢生觉得青瓷枕头渐渐大了起来，枕头的一端渐渐变成了一扇很大的门。他小心翼翼地走进去，不知不觉回到自己家乡。梦中的他时来运转，迎娶了清河县世家大族的崔氏女为妻。妻子不仅贤惠美丽，而且嫁妆丰厚，使他过上了幸福美满的日子。

次年，他去应试，金榜题名，中了进士，从此官运亨通。他先任渭南都尉，继任监察御史、河南采访使、吏部侍郎，迁户部尚书兼御史大夫……后来被任命为河西节度使，外敌侵犯西北边疆，他率兵打退了吐蕃的侵扰，开拓了大片疆土，为朝廷立下了汗马功劳。他官职不断晋升，直至召回京都封为宰相。

然而天有不测风云，他的官运亨通遭到了奸臣的忌恨，他被诬告勾结敌国的边将，图谋造反。

卢生殿里的卢生雕像

当狱吏带人前来捉拿他时，他颤抖着对妻子说："我老家在山东，有良田五顷，足可以糊口度日。可我放着安稳日子不过，却外出求荣觅禄，只落得这样个下场，我不如死去。"说着，他抄起一把刀来就要自刎，多亏妻子相阻，方免遭一死。被捕后他被流放到边远的地方服刑。几年后，皇帝明察，发现这是一起冤案，于是为他平反昭雪，重新起用他做宰相，给他的赏赐与荣耀胜过从前。他有五个儿子、十多个孙子，个个功成名就，荣耀无比，成为当时的名门望族。

到了晚年，卢生骄奢成习，良田、豪宅、名马、美人，应有尽有，享尽了人间的荣华富贵。八十岁时，他患了重病，皇帝亲自派人赐药医治，均回天无术，在他将死时忽然惊醒，原来是一场美梦，而此时店家的黄粱米饭还尚未煮熟。

卢生从梦中大起大落的经历中顿悟人生，从此不再苛求功名利禄。后来，人们将故事中的吕翁演化成了仙人吕洞宾。

典故出自沈既济的唐传奇小说《枕中记》。元人马致远和明人苏汉英曾根据这个典故写成杂剧《黄粱梦》；明人汤显祖也改写过杂剧《邯郸记》；清人蒲松龄还将故事情节加以发展，写成了《续黄粱》。"黄粱一梦"的成语，就是从这个典故而来的。

黄粱一梦：用来比喻根本不能实现的企图和愿望，或是那些虚幻、空想的事物。也写作"黄粱美梦""邯郸梦"等。

枕中记壁画

历史事件

历史事件

鲁酒薄而邯郸围

宴饮图
汉画像石

赵国的兽耳方壶酒具

战国时期,楚王在郢都会见各国诸侯。当时楚国比较强大,各国都惧怕它,所以都带去了觐见的礼物。赵国和鲁国都向楚王奉献了本国酿造的好酒。楚王把收到的酒都交给主管酒的官吏去品尝。主酒官先尝了一口鲁酒,觉得清淡如水。当他打开赵国的酒坛时,一股浓烈的香气扑鼻而来,饮上一杯,只觉软绵醇厚、酒香四溢。

主酒官嗜酒如命,便私下里找到赵王索要赵酒,但赵王却拒绝了他的要求。于是,楚国的主酒官吏非常生气,就用鲁国的薄酒替换了赵国的好酒,并挑拨楚王说:"赵酒历来很有名气,可这一回送来的却是劣质酒。"楚王端过酒来一尝,味淡如水,于是愤然大怒,厉声对赵王吼道:"你有名酒不献,却用劣质酒来捉弄本王。是何用意?"随后,楚国就发兵包围了邯郸。

典故出自《淮南子》:"楚会诸侯,鲁赵俱献酒于楚王,鲁酒薄而赵酒厚。楚之主酒吏求酒于赵,赵不与,吏怒,乃以赵厚酒易鲁薄酒,奏之。楚王以赵酒薄,故围邯郸。"

围魏救赵

孙膑像

公元前354年，魏惠王派大将庞涓率军攻打赵国，包围了赵都邯郸。公元前353年赵成侯派使者到齐国求救，请齐国出兵解围。

齐威王立即任田忌为大将、孙膑为军师，领兵援救赵国。田忌作战勇敢，性情急躁，领命之后就想立刻赶到邯郸去与魏兵厮杀。孙膑却不赞成，他说："要解开杂乱无章的绳丝，要先找出它的结头，然后慢慢去解，切不可用劲去扯；要劝解两个相互斗殴的人，不能进去帮打，而要避开双方的拳脚。现在魏军主力正在围攻邯郸，魏国内部一定空虚。如果我们直接去救邯郸，恐怕不等大军赶到，邯郸就已经被魏军攻下来了。既然魏军的精兵强将都已经全部被派到战场上，那么留在魏都大梁的都是老弱残兵。我看不如率军直接攻打魏国的都城大梁，大梁受到威胁，庞涓必然从赵国撤兵来救，这样就解决了赵国的危机。另外，魏军攻打赵国已经很疲劳，再长途跋涉返回大梁，更加精疲力尽。我军占领要地，以逸待劳，一定能够打败魏军。这样，我们既可以解赵国之围，又打击了魏军的力量。"田忌很佩服孙膑的高见，就率领大军去攻打大梁。

齐国的大军行进到桂陵（今河南长垣县西南）时，孙膑便叫田忌下令停了下来。孙膑说，当魏军从邯郸返回的时候，一定会经过桂陵，因此应该在此设伏，布下阵势，一举将魏军歼灭。田忌

庞涓兵败桂陵
明刊本·东周列国志

又依孙膑的计谋而行,带军队埋伏了下来。

魏将庞涓听说大梁危急,想到国内空虚,随即调兵援救大梁。当魏军返回到桂陵的时候,田忌、孙膑指挥埋伏的齐兵突然冲杀出来,把疲惫不堪的魏军打得落花流水。庞涓在乱军中突围逃跑,魏军几乎全军覆没。齐军获得大胜,赵国也得到了解救。

典故出自《史记·孙子吴起列传》:"魏伐赵,赵急,请救于齐。齐威王……乃以田忌为将,而孙子为师,居辎车中,坐为计谋。"

围魏救赵:比喻在战争中避实就虚,迫使敌人退兵,从而变被动为主动的战法,也成为中国古代著名的三十六计之一。

因势利导

马陵伏弩
马骀画宝

战国中期位于中原地区的魏国逐渐强大起来，不断对邻国用兵。公元前341年，魏将庞涓联合赵国引兵伐韩，包围了韩都新郑。

韩国急忙向齐国求援。齐国并未急于出兵，而是待韩军五战五败，且魏军也实力大损时，才于次年以田忌为主将、孙膑为军师，发兵救韩。齐军重施"围魏救赵"的战法，直驱魏都大梁。魏惠王对齐国一再干预魏国的大事感到非常气愤，便以太子申为主将、庞涓为将军，率兵十万迎击齐军，准备与齐军进行一场战略性决战。

孙膑见魏军来势凶猛，便决定利用魏军求胜心切的弱点，因势利导，诱敌冒进。他指挥齐军佯装怯战，掉头后撤。在撤退途中，孙膑命令兵士第一天挖十万个做饭的锅灶，第二天减为五万个，第三天再减为三万个，有意造成军力不断削弱的假象。庞涓一见大喜，以为齐军士气低落，伤亡严重，便亲自率领轻装的精兵日夜兼程，奋力追击，想一举歼灭齐军。

孙膑预计魏军于傍晚时分到达马陵道（今河北大名马陵乡，一说山东莘县大张家镇）。此时正值秋末，天黑较早，而且这里道路狭窄、树木茂密、地势险隘，便就此设下埋伏。

孙膑派人将路边的一棵大树剥去树皮，在树干上写下了"庞涓死于此树之下"八个大字，并命令士兵伐木堵路，挑选一万名弓弩手埋伏在道

马陵道
明刊本·东周列国志

路两侧的山上,约定天黑后见到火光就一齐放箭。

天黑时魏军赶到马陵道,庞涓发现路旁的大树上面隐隐约约有字,便命士兵点起火把来,待他看清树上的字后知道自己中计了,刚要下令撤退,但为时已晚,两旁的齐军看见火光,万箭齐发,伏兵四起。魏军猝不及防,阵容大乱,死伤无数。庞涓自知厄运难逃,大叫一声:"一着不慎,却成就了你这小子的功名!"说完拔剑自刎。齐军乘胜追击,正遇太子申率后面的军队赶到,一阵冲杀,魏军兵败如山倒。齐军生擒太子申,大获全胜。孙膑也因此名扬天下。

典故出自《史记·孙子吴起列传》:"善战者,因其势而利导之。"

因势利导:因,顺着;势,趋势;利导,引导。顺着事情发展的趋势加以引导。

胡服骑射

胡服骑射雕塑

成语典故篇

048

合纵抗秦失败后，赵武灵王认识到，赵国如不迅速强大起来，在相互竞争的兼并战中就有被吞并的危险。

当时赵国的北面同燕相接，东面与东胡相邻，西面同林胡、楼烦接壤。他们都是游牧部落，靠打猎为生，经常用骑兵侵扰赵国的边境。再有中山国处于赵国的腹地，赵国与日益强盛起来的秦国也只有一河之隔，使身处四面争战之地的赵国随时都会燃起烽烟。

为了探寻改革的突破口，找到一条使赵国迅速强大的得力措施，赵武灵王身着便服，带着几个随从进行了巡视和探查。这次巡边赵武灵王的足迹遍及赵国各地，尤其是在北面与胡人交界的边境一带逗留了很长时间。这里地面开阔，天野苍茫，尤其是晚霞西落时，大漠云明山暗，这壮观的景色给人一种雄浑之气，也给赵武灵王平添了立志改革的豪气。

在边境线上，赵武灵王看见守卫边境的胡人骑兵往来如梭，刚才还在眼前，一会儿便不见踪影。原来，邻国的士兵上身穿的是窄袖短褂，下身穿的是细裤皮靴，而且还有着高超的骑马与射箭技术，举止灵便，往来如飞。而赵国的兵士身着宽袍大袖，披着笨重的盔甲，穿着繁琐，动作迟缓，很不灵便，虽然武器比胡人优越，人数比胡人众多，但战斗力却不如他们。赵武灵王认为要想使自己

胡人出猎图
明·张龙章

的国家强盛起来，就必须效仿胡人，实行胡服骑射。

公元前307年春，赵武灵王在信宫（今河北永年区西）召集肥义、楼缓、公子成等朝中重臣商议此事。赵武灵王向大家讲述了赵国所面临的危险局面，他说："我们赵国，北有燕国，东有齐国，西有林胡与楼烦国，而强盛的秦国与我们又只是一河相隔。此外，我们的心腹之地上，还有一个雄心勃勃的中山国。一旦有外敌来犯，赵国就会面临着亡国的危险。因此，我力主变革图强，实行胡服骑射。"

他的主张得到了大臣肥义、楼缓等人的赞同。赵武灵王说："肯定会有很多人指责我，阻拦我推行胡服骑射，那该怎么办呢？"肥义见多识广、深明大义，他鼓励说："要办成一件事，不下决心是不行的。俗话说，决策时犹豫不决，就没有成功的希望；办事时瞻前顾后，就没有美好的名声。您既然下决心改革，就不要去管天下俗人的议论。"肥义的话更坚定了赵武灵王的信心。

于是赵武灵王打算颁发改革令。肥义和楼缓说："大王，先不必急于下令，不如我们先带头穿上胡服，让大家先适应适应。"

肥义命人赶制了几套胡服，到了上朝的日子，赵武灵王就穿着胡人的短式上衣来到了朝堂上。大臣们见君王身着这样的装束，先是一惊，接着便议论纷纷。过去君王身穿汉服，宽袍大袖，拖

邯郸城标——胡服骑射

地盖脚,走起路来不紧不慢,颇有堂堂君王的盛仪,可今天的这身装束衣袖紧束,手脚尽露,像个俗家人的打扮。一些守旧的大臣,忙向前施礼跪拜,劝谏赵武灵王说:"中原是文明礼仪之邦,万物皆备,历来传播的是圣贤的思想,施行的是仁义礼教,学的是诗书礼乐,应该是胡人学习的榜样。现在大王要丢掉这些传统而实行胡服骑射,就是要背弃古代圣贤的教导,更换先祖的章法,这是万万行不通的。"赵武灵王力排众议,用强兵之道和泱泱赵国多次被游牧部落击败的史实,说服大臣,一些大臣虽然心里还是不太赞同,但口头上已经说不出什么了。

赵武灵王的叔叔公子成是赵国一位德高望重的老臣,他非常尊重历史传统,思想保守,观念陈旧。他听说赵武灵王要实行胡服骑射的改革,非常生气,假称有病不上朝,一些反对者也站在公子成的大旗下,形成了一股较强的反对势力。

赵武灵王心想,要顺利推行改革,必须首先说服公子成,于是便带着一套新制的胡服去探望叔父。公子成说:"赵国是中原的大国,理应成为各国的榜样,怎么能穿胡服而丢弃先王的礼法呢?"赵武灵王说:"衣服是为了便于使用,礼教是为了便于行事。顺应时势所制定的礼法是为了方便民众,富强国家。况且礼法也不是一成不变的,地方不同,风俗也就不同。我国原来没有

胡服骑射浮雕

船只,后来国土扩展到东面的黄河、薄洛一带,我国境内有了大河流,于是便开始建造船只,如果没有船只,那么用什么来保护那里的百姓呢?"赵武灵王见叔父的气色逐渐缓和下来,便切入主题说:"今天我们的疆土已经扩展到了西北的游牧地区,可那里却没有骑兵保卫边境。不建立骑兵部队,身穿宽袍大袖怎么能行呢?所以,要使国家强盛,就必须改变许多旧有的观念,只要我们带头穿胡服,百姓的观念就会随着我们改变过来。现在敌国已拥有强大的骑兵队伍,只有我们的军事实力增强了,才能与他们抗衡。先前,中山国倚仗齐国的强兵侵犯我国的领土,掠夺人民的财物,又引水围灌鄗城(今河北省柏乡县),如果不是老天保佑,鄗城几乎沦陷。对于这次失败，先王一直感到耻辱。所以我决心改穿胡服，训练骑射，抵御外来的侵略，以报中山之仇，而叔父你只强调顺应旧俗，却不惜违背先王的意愿，忘掉国耻，难道让我们永远处于挨打受辱的地步吗！"

公子成听了赵武灵王一番至情至理的肺腑之言，深受感动，忙跪拜叩头说："我实在愚昧至极，没能理解大王的深意，用世俗人的见解去看待君王的英明决策，这是我的过错。你有图强的大志，我应该全力支持你。"赵武灵王忙把叔父扶起来，并将带来的胡服赐给了公子成，公子成欣然受领。

朝中官员统一思想后，赵武灵王便向全国颁发了"胡服令"和一系列改革的措施。从此，赵国上至王公大臣，下至平民百姓都穿起了胡服。

赵武灵王通过一系列的军事改革，训练出了中原的第一支骑兵队伍，自此赵国一改积弱不振的局面，有了对外抗衡的军事实力。于是赵武灵王又着手制订并实施了以吞并中山国为主要目的的北进战略计划。经过前后七次攻伐中山国，于公元前296年把中山国纳入赵国的版图。

成语出自《史记·赵世家》："王曰：'今吾将胡服骑射以教百姓，而世必议寡人，奈何？'肥义曰：'臣闻疑事无功，疑行无名。'"

胡服骑射：身着胡人的服饰，像胡人一样骑马射箭。由于"胡服骑射"是实施改革的成功典范，所以成了改革的代名词。

危如累卵

苏秦像

苏秦是战国时期著名的纵横家，曾拜鬼谷子为师。学成后，他游历多国，想施展自己的纵横术，在秦国遭到冷落后，他来到东方六国推销自己的"合纵"战略，就是让弱国联合起来对付强大的秦国。他来到赵国时，这里刚刚发生了一场宫廷政变。赵武灵王的长子安阳君赵章与其宰相田不礼发动了沙丘之乱，被李兑和公子成击败，田不礼被杀。安阳君赵章逃到了赵武灵王所在的宫殿，公子成和李兑冲入宫中把赵章杀死。之后他们仍继续围困沙丘宫，直到赵武灵王饿死宫中。事后，公子成为相国，李兑为司寇。公子成死后，李兑担任相国，封奉阳君。

苏秦到来后首先面见了相国李兑，李兑对他的这套学说毫无兴趣，但苏秦却不以为然。他想靠自己善辩的特长说服李兑："我家住洛阳，家里连个像样的车子也没有，我是打着绑腿、穿着草鞋、冒着寒霜和露水，越过了漳河来拜见您的。"苏秦说："昨天我来的时候天色已晚，城门也关闭了，只好借宿在郊外的田地里，旁边有一片树林。睡到半夜的时候，突然听到有说话声，原来是土偶跟木偶在辩论。土偶说：'假如我遇到暴风骤雨，被毁坏了，可以重新回到土里。而你遇上暴风骤雨，就会漂到漳河里，向东流入大海中，没有安身之处。'我认为土偶是胜利者。如今你杀死了赵武灵王，灭了他的族人，您生活在这样的环境中，就像摞起来的鸡蛋一样危险。如今你若听从我的计谋就能生存，不听臣下的计谋就得死亡。"李兑沉思了一下说："您先到客舍住下，明天再来见我吧。"

苏秦走后，家臣对李兑说："我刚才通过观察你俩的谈话，认为苏秦的辩才和学识都在您之上，他的话具有很强的煽动性，您能听从苏秦的计谋吗？"李兑说："不能。"家臣说："您如果不能，希望您堵住自己两只耳朵，不要轻信他的话。"第二天苏秦又来拜见李兑，谈了许久才离去。家臣出来送苏秦时，苏秦对家臣说："昨天我的谈话已经开始打动相国了，今天相国却无动于衷，为什么呢？"家臣说："您的计谋宏大而高远，落实起来却很难，因而相国无法采用。所以我请他堵住两只耳朵，不要听信你的话。但我可以请相国资助您大量的财物，实施您的谋略。"隔天苏秦再来，李兑同他开怀畅谈后，答应赠送苏秦明月珠、和氏璧、黑貂裘、二百两黄金。苏秦得到这些东西便作为资用，一路西行到了秦国。

公元前284年，在苏秦的游说下，由李兑出面，联合齐、魏、韩、燕，五国合纵攻秦。李兑利用五国的强大阵势，欲与秦讲和，为自己谋利。他想借阻兵不前为条件，让秦国攻取魏国的城邑，转手给自己作为封地，但这个如意算盘落空了，他从此退出了政坛。

成语出自西汉刘向《战国策·赵策一》:"今君杀主父而族之,君之立于天下,危于累卵。"

危如累卵:比喻形势非常危险,如同摞起的蛋,随时都有摔碎的可能。

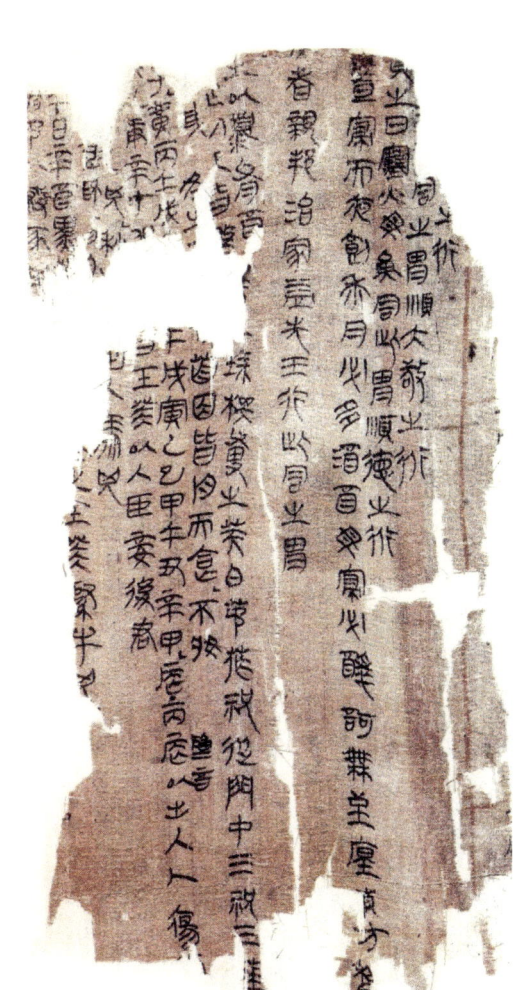

记载苏秦事迹的《战国纵横家书》

四战之地

乐毅济上劳军
马骀画宝

乐毅是战国时期著名的将领，以多谋善战而闻名诸侯。乐毅原居住在中山国，赵武灵王灭中山国后，乐毅也就成了赵国人。赵武灵王晚年时，乐毅为避沙丘之乱离开了赵国，来到了魏国首都大梁。燕昭王当政的时候，为了向齐国报仇雪耻，招揽天下英才。乐毅作为魏使出使到燕国，燕昭王盛情厚待，诚恳相留，乐毅终于被昭王的诚意所感动，留在了燕国。

公元前284年，燕昭王任乐毅为上将军，同时，赵惠王也把相印交予乐毅，乐毅率赵、楚、韩、魏、燕五国之军兴师伐齐。两军相遇，乐毅亲临阵前，向齐军发起猛攻，齐军惨败，逃回齐国都城临淄。乐毅又单独带领燕军长驱直入，攻占了齐都临淄，大获全胜。燕昭王大为欣喜，亲自到前线犒赏将士，为酬谢乐毅的功劳，将昌国（在今山东省淄博市东南）城封给乐毅，赐号昌国君。乐毅乘胜追击，又率燕军接连攻占七十余座齐城，为燕国扩大了疆土。

燕昭王死后，太子燕惠王即位。齐国人田单施用反间计，派人密告燕惠王说，乐毅想在齐国称王。燕惠王对乐毅起了疑心，派遣大将骑劫替换了乐毅。乐毅为避免遭到诬陷又回到了赵国，赵惠文王隆重地接待了他，并以望观津（在今河南商丘东）为其封地，号望诸君，后死于赵国。

乐毅走后，齐国田单立即出兵打败了骑劫，

田单像

收复了失去的城池。燕惠王发现自己上了齐国的当，心里很后悔，几次写信请乐毅回燕，可乐毅都婉言谢绝了。燕惠王为弥补自己的过错，任命乐毅的儿子乐间为昌国君，掌管燕国的一部分兵马。

乐间在燕国三十余年，成为燕王的重要谋臣。燕惠王死后，燕王喜即位。有一年，燕王打算攻打赵国，燕王征求乐间的意见，乐间说："赵国军事力量很强，曾多次打败了来自四方的敌人。况且赵国的百姓也熟悉作战，英勇善战，万不可轻意去征伐呀！"可是燕王求战心切，没有采纳乐间的意见。燕军入赵后，赵国的名将廉颇领兵御敌，大败燕军，并活捉了燕军的将领。燕国被迫割地给赵国，赵国才答应与燕国讲和。乐间见燕王不肯听从自己的谏言，便离开燕王投奔赵国去了。燕王后来写信向乐间认错道歉，请他返回燕国，乐间没有答应燕王的请求。

成语出自《史记·乐毅列传》："乐间曰：'赵，四战之国也，其民习兵，伐之不可。'燕王不听，遂伐赵。"

四战之地：后人将该文中的"四战之国"改为"四战之地"，指四面平坦，无险可守、容易四面受敌的地方。

不可同日而语

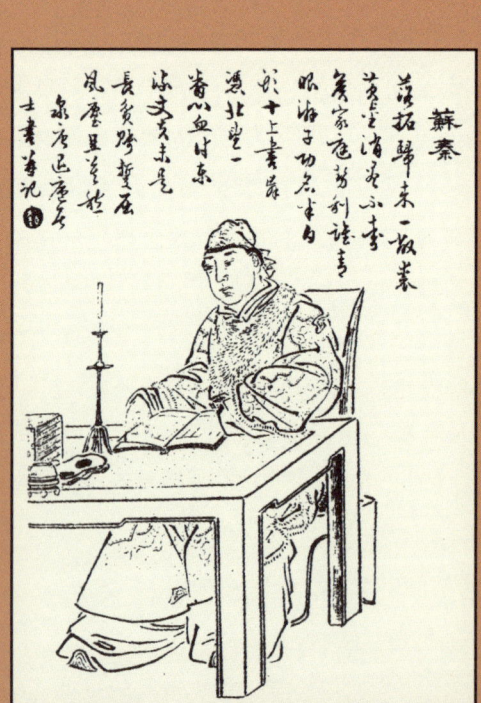

苏秦像
明刊本·东周列国志

战国时期,各诸侯国相互争雄,征战不断。秦国依仗着自己强大的军事实力,不断欺侮东方的弱小国家。苏秦是一位著名的政治活动家,他游说列国,建议燕、赵、韩、魏、齐、楚六国联合起来共同对付秦国,形成六国"合纵"的强大声势。为了让各国的君主采纳他的意见,他从燕国来到赵国。几年前他曾到赵国游说,因赵国的相国不喜欢苏秦,他只得离去。这是他第二次来到赵国,赵国的国君赵肃侯即位不久,很想有所作为,他亲自走下台阶迎接苏秦。

苏秦首先向赵肃侯分析了赵国和其他诸侯国的关系:"如果赵国与齐、秦两国为敌,那么百姓就得不到安宁;如果依靠齐国去攻打秦国,百姓还是得不到安宁。现在,如果大王和秦国和好,那么秦国一定要利用这种优势去削弱韩国和魏国;如果和齐国友好,那么齐国也一定会利用这种优势去削弱楚国和魏国。魏、韩两国弱了,就要割地,也会使楚国削弱。这样,大王就会孤立无援。"

赵肃侯见苏秦说得头头是道,不住地点头称是。接着,苏秦又分析了赵国的实力和面临的形势:"东方六国中没有一个比赵国强大的。赵国的疆土纵横两千里,军队有几十万人,战车千辆,战马万匹,粮食充实。就地形而论,西有常山,南有漳河,东有清河,北面有弱小的燕国,也不值得担忧。目前秦国虎视眈眈,想把赵国吞掉,然而却迟迟不敢举兵来征伐,原因是担心韩国和魏国在后边暗算它。所以说,韩、魏两国是赵国南边的屏障。可是秦国一旦占领了韩、魏两国,那么赵国就大祸临头了。"

赵肃侯听到这里,心里很担忧,急着问苏秦应该怎么办。苏秦说道:"我曾经研究过各国的版图,六国的土地合起来比秦国大五倍,六国的军队合起来比秦国多十倍。如果六国合成一体,

六国封相
衣锦还乡年画

共同讨伐秦国，还怕打不过它吗？否则，秦国必将把六国各个击败，那么六个国家都得向它俯首称臣。请大王想一想，一个是击败和降服对手，一个是被击败和被对手降服，这两种情况截然不同，难道可以同日而语吗？"

一席话令赵王非常信服，接着，苏秦又讲述了实行合纵的具体方法和策略。赵王对苏秦的主张很感兴趣，于是拜苏秦为相国，封为武安君，给了他一百辆车子、两万两黄金、一百双白璧和许多绸缎衣物，让他劝说各诸侯国加入合纵联盟。

在赵王的支持下，苏秦游说成功。公元前333年，六国诸侯在洹水聚会，立下盟约，一致抗秦，苏秦受封为纵约长，佩挂六国相印，成了人人皆知的显赫人物。此后十五年，秦兵再也不敢轻易动兵。

典故出自《战国策·赵策二》："夫破人之与破于人也，臣人之与臣于人也，岂可同日而言之哉！"

不可同日而语：用来说明两种情况完全相反或差别很大，不能相比，不可相提并论。

价值连城

价值连城雕塑

战国时候，楚国境内有一座荆山（今湖北南漳县西），峰峦巍峨，景色秀美。有一位名叫卞和的樵夫常来这里打柴。他见一只凤凰常落在一块高处的岩石上，感到很好奇。一天，他攀到这块岩石上，禁不住露出欣喜的目光，凭着他多年识玉的眼力，认出岩石内是一块价值连城的美玉。他想国库里缺少宝玉，整个国家就空然如洗，使堂堂的楚国常常受到列国诸侯的鄙视，何不把这块玉璞献给社稷、献给楚王呢？

卞和揣着玉璞兴冲冲地来到楚国京城郢都。进到宫中，卞和奏道："敬禀大王，樵夫于荆山打柴时得玉璞一块。我觉得它是至宝，特从千里赶来奉献当朝，请大王明鉴。"一听说是至宝，楚厉王高兴极了，忙让玉工进行鉴定。谁知玉工有眼无珠说："这是一块石头。"楚厉王非常生气，认为卞和以石充玉欺骗君王，便怒气冲冲地下令砍掉了卞和的左脚。

到了楚武王即位时，卞和不忍心让这块玉璞蒙受不白，又拄着棍子，艰难地走到王宫，又把玉石献给楚武王。楚武王又让玉工辨认，玉工依然说是石头。楚武王便以欺君之罪，又砍掉了卞和的右腿，把他拖出了宫中。

虽然没有了双脚，但卞和的献宝之心仍不死。武王暴死，文王继位，他听说文王是有道明君，具有识玉的慧眼。他恨自己没有双脚，无法到朝

赵苑北门的和氏璧雕塑

中献玉,便怀抱着玉石在荆山脚下放声痛哭,昼夜不止,眼泪淌尽后流出了鲜血,人们听了无不伤心落泪。有好心人劝他说:"你不要自讨苦吃了,再去献玉还会受刑,也得不到什么重赏。"卞和愤愤不平地说:"我不是想得到什么重赏,而是恨天下人有眼无珠,不识真宝。明明是块珍奇的宝玉,却说它是石头;明明是忠诚的人,却说他是骗子,这就是我悲伤的原因。"楚文王听说后,便派人把玉璞带回宫中,经玉匠认真敲凿,发现它果然是一块美玉。于是便将它琢磨成一块玉璧,楚文王将它命名为"和氏璧"。

后来"和氏璧"几经流传,落到了赵惠文王手里。不久,消息便传到秦昭襄王的耳朵里,他也想拥有这块"和氏璧",便派人下书相求,信中佯称愿以十五座城池来换"和氏璧",使"和氏璧"的名气盛极一时,价值昂贵,因此便有了"价值连城"的成语。

《史记·廉颇蔺相如列传》:"赵惠文王时,得楚和氏璧。秦昭王闻之,使人遗赵王书,愿以十五城请易璧。"

"价值连城",有时也写作"价重连城"或"连城之璧""连城璧"。人们常常用这些成语来形容价值极高的宝物。它还往往被引用到诗中,比如,唐朝杨炯诗曰:"赵氏连城璧,由来天下传。"

完璧归赵

蔺相如完璧归赵
清·吴历

和氏璧几经流传，到了赵惠文王的手里。这个消息很快传到了秦昭襄王那里。秦昭襄王倚仗秦国的强大，想把美玉据为己有，于是写信给赵惠文王，佯称愿以十五座城池换取和氏璧。赵惠文王接到信后，左右为难，他明知这是秦王施用的诡计，想骗取美玉，可若是不答应，又怕他以此为借口攻打赵国。

正在久议不决之时，有一位大臣说道："要是能派一位智勇双全的人带上和氏璧去见秦王，如果得到十五座城，就把宝玉交给秦国；如果得

蔺相如像
明刊本·东周列国志

不到,再把玉璧带回来。这样我们既不会上当受骗,秦国也没有发兵的借口,可以两全其美。"这时宦者令缪贤推荐说:"我的门客蔺相如有勇有谋,能言善辩,可担当此任。"赵惠文王拜蔺相如为大夫,命他怀揣和氏璧,出使秦国。

到了秦都咸阳,秦昭襄王听说献璧的赵使到了,便聚集群臣,在章台宫的侧宫里召见蔺相如。蔺相如用锦缎包了玉璧,双手捧着敬献给秦王。秦王小心地展开锦缎一看,玉璧晶莹剔透,宝光闪烁,雕镂之处,纹理天成,真是平生未见过的宝贝。他仔细鉴赏,看了又看,不住地啧啧称赞。他饱赏了一阵,又递给左右的群臣传看,群臣们眼中放着光彩,兴奋不已,激动得连连高呼万岁。秦王欣喜万分,又命随从重新用锦缎包好,传给后宫的美人赏玩,许久才回到秦王的手中。秦王又打开锦缎不住地观赏,仿佛永远看不够似的。蔺相如被冷落在堂下,等了多时,也不见秦王提起交换城邑的事,他急中生智,上前说:"这和氏璧虽然是稀世之宝,可惜上面还有些微小的斑瑕,大王可能还没有看出来,让我指给大王看。"秦昭襄王把玉璧递给蔺相如。蔺相如捧住玉璧,连退几步,靠在殿柱旁,厉声呵斥秦王说:"赵国满朝文武官员,都说秦国贪得无厌,仗着自己的强大,想用空话来骗取玉璧,所以都不主张把它送来。但我认为一般老百姓交朋友,还都讲究信义，不至于互相欺骗，何况是堂堂的大国君主呢？而且为了一块玉璧与秦国伤了和气也不好。大王听了我的话，这才命我把玉璧送来。现在大王在普通的宫室里接见我，又将玉璧传到后宫给美人赏玩多时，冷落使臣，并且丝毫没有交换城邑的诚意，所以我将玉璧收回。"秦王见状，想命令武士上前夺抢。蔺相如怒发冲冠，紧紧捧住玉璧大声喝道："如果大王危言相逼，我情愿把自己的头颅和玉璧一起撞碎在石柱上。"说着就斜视着殿柱，全身跃起，准备与玉璧俱碎。

秦昭襄王一看，慌了手脚，他怕玉璧被撞碎，白费一番心机，便连忙赔礼说："先生不要着急，我怎敢失言。"说完就让掌管地图的官员取来地图，比画着对蔺相如说："先生请看，这十五座城池全部划归赵国。"蔺相如知道秦王善于欺诈，不可轻信，便说："和氏璧是天下至宝，赵王令我把玉璧送

完璧归赵塑像

河北磁县蔺相如墓山门

来的时候，邀请各国使臣参加，举行了隆重的送璧仪式。大王你也应该斋戒五天，在朝廷上举行受璧仪式，并邀请各国使臣一同参加，那时我再把玉璧献上，这才符合礼节。"

秦昭襄王见蔺相如柔中带刚，有胆有识，强取是不行的，只好答应了蔺相如提出的要求。想到秦王毫无诚意，蔺相如回到驿馆后，便派人将玉璧悄悄送回到了赵国。

到了第五天，章台宫布置得隆重而威严。各国的使臣也都云集在大厅内，观看蔺相如上殿献璧。

仪式开始后，蔺相如从容上殿。秦昭襄王见他两手空空，便劈头问道："我已斋戒五日，今日又郑重地举行了受璧仪式，你为何不带璧来？"蔺相如不慌不忙地说："我怕受了大王的欺骗，对不起赵王，所以我已经派人把和氏璧送回赵国了。"秦昭襄王听了大发雷霆，怒吼道："前次你说我不敬，我就依了你，斋戒沐浴了五天，今天又举行了隆重的仪式，你却把璧送回了赵国。这分明是你欺骗我，在大庭广众面前戏弄我。来人，先把他斩了。"

蔺相如毫无惧色，上前一步对众人说："大家都知道，秦强赵弱，只有强国欺负弱国，赵国绝不可能欺负秦国。大王如果真想以城换璧，这并不难，先把十五座城划给赵国，再派使者随我到赵国去取。赵国怎敢得了城邑却不给玉璧，而背负不守信用的恶名呢!"蔺相如又提高了嗓音说,"我这次明知欺骗了大王,该当死罪。我来到秦国就没有打算活着回去,请你用油锅把我烹死吧!现在,是非曲直大家都看得清清楚楚,我已死而无憾了。"说完挺直胸膛,准备赴死。各国使臣都为蔺相如捏了一把汗,睁大眼睛注视着秦王的脸色。秦昭襄王见蔺相如一身正气、凛然不屈,心想:如今即使杀了蔺相如,也得不到和氏璧,同时还破坏了秦赵两国的关系。不如好好待他,放他回赵国去。他忙喝令武士退下,客气地说:"请先生暂且回去,以城换璧的事容我再考虑考虑。"秦王作为君主,对蔺相如的胆识特别钦佩。赵使告别时,秦王热情地款待了蔺相如,并送他许多礼物。

蔺相如不辱使命,完璧归赵,轰动了列国,赵惠文王亲自在王宫设宴接风,并封他为上大夫。

典故出自《史记·廉颇蔺相如列传》:"城入赵而璧留秦,城不入,臣请完璧归赵。"蔺相如在秦王面前愤怒地指责秦王时,"怒发上冲冠"。

完璧归赵:比喻把原物完整无缺地归还本人。

怒发冲冠:形容愤怒到了极点。常用来形容人们暴怒时的神情。

历史事件

渑池相会

京剧生角蔺相如邮票

秦昭襄王对于索璧不遂一事一直耿耿于怀，不断找机会对赵国实行报复，时常骚扰赵国的边城。

赵惠文王见秦国不断蚕食赵国领土，恐慌不安。大将廉颇气愤地说："秦国欺人太甚，我愿领兵前去，驱逐秦兵。"正在这时，秦国使者前来求见，使者递上请柬说："秦王请赵王在秦地的渑池（今河南渑池县）会见，共定和约。"赵惠文王接过请柬，不知秦王又耍什么花招。有的大臣说："秦王为人阴险，还是不去为好。"蔺相如说："秦国以礼相来，我当以礼而往。大王如果不去，倒让秦国看不起赵国。秦国先攻城后约会，都是在试探我们。我愿保驾君王同去。"廉颇说："此次前去，由文官去辅佐大王，为防备不测，我再选五千名精兵跟随大王做护卫，由李牧做大将。然后再在三十里之外屯兵驻守，这样就万无一失了。"

赵惠文王到达渑池时，秦昭襄王已经先期到达，于是派人到城外迎接赵惠文王，把赵王和蔺相如迎入了驿馆。李牧带领的精兵驻扎在城外。第二天，赵惠文王、蔺相如与秦昭襄王相见，秦王走下台阶相迎，客气地说："承蒙赵王光临，不胜荣幸。"赵惠文王说："秦王有请，怎敢推辞。"秦王见蔺相如紧跟在赵王身后，礼貌地说："大夫也来了。"蔺相如施礼说："感谢大王不杀之恩。"落座后，秦昭襄王便吩咐摆上酒席。酒过

渑池相会石刻

渑池相会

三巡，秦王乘着酒兴对赵王说："我听说赵王爱好音乐，我有一支宝瑟，想请你弹瑟助兴。"赵王心里很不是滋味，在这种场合让君王弹奏乐器，分明是在取笑自己。正在为难时，侍者已将一支宝瑟捧到他面前，他不敢推辞，只得弹奏了一曲《湘灵》。赵惠文王弹罢，秦昭襄王不住地赞叹说："听说赵国的始祖赵烈侯就非常爱好音乐，君主的技艺是得到家传了吧？"说完就宣御史官上殿作记录。秦国的史官拿着笔在竹简上写道："秦昭襄王二十八年，秋月吉日，赵王为秦王弹瑟。"史官写完又高声宣读了一遍。赵王气得脸色发青，愤愤地瞪着秦王。蔺相如见秦王如此傲慢无礼，非常气愤。但他不动声色，顺手取来了一只盛酒的瓦盆,传说瓦盆曾是秦国的原始乐器,蔺相如跪着将瓦盆举到秦王面前说:"赵王听说秦王擅长秦国的乡土曲调,我愿献上一个瓦盆,请您敲打伴唱,以助酒兴。"秦昭襄王大怒,气得胡须直颤。蔺相如怒目圆睁,大声说道:"大王如果不答应,你我的距离不足五步之远,我就与你血溅大堂。"秦王的侍卫冲上来用刀剑来威吓蔺相如,蔺相如大声呵斥,那些侍卫被这如雷的吼声吓得倒退了几步。秦王也被蔺相如的威势所震慑,只得勉强在瓦盆上敲了一下。蔺相如高声宣布:"今日盛会,秦王击缶,也应记入史册。"

说完他便让赵国的御史虞卿走上台来作记录。虞卿写道:"赵惠文王二十年,秋月吉日,赵王与秦王在渑池会饮,秦王给赵王敲瓦助兴。"说完也诵读了一遍。

秦国的群臣见秦王不仅没占到便宜,反而败于下风,就想替君主挽回一些面子。秦王的舅舅说:"请赵王割让十五座城邑给秦王作为献礼。"蔺相如也站起来说:"来而不往非礼也,请秦王割让秦都咸阳作为献礼。"秦国的大臣们面面相觑,束手无策。秦昭襄王知道有蔺相如在场,秦国的威势是压不住赵国的,而且赵国防范严密,在武力上也不能轻举妄动,只好强作欢颜说:"今天是两国君主欢聚的日子,开几句玩笑,你们不必多嘴。"气氛缓和后,两国签定了互不侵犯的友好和约，并决定互送人质，作为信义的保证。渑池相会后，秦昭襄王把自己的孙子异人送到赵国做人质。大臣们都不理解，秦王解释说："如今赵国正在强盛时期，不可与之交战，不送人质，赵国就不信任我们，有了人质，我们就能集中精力对付其他国家了。"

这次会盟大长赵国人的志气，赵惠文王返回邯郸时，廉颇召太子和文武百官出城十里前去迎接。到了宫城后，群臣聚集在龙台殿里，赵惠文王重赏有功之臣，任命李牧为镇守雁门郡的大将，赐给廉颇十城二十邑、彩缎百尺，拜蔺相如为上卿。

典故出自《史记·廉颇蔺相如列传》："秦王使使者告赵王，欲与王为好，会于西河外渑池……秦之群臣曰：'请以赵十五城为秦王寿。'蔺相如亦曰：'请以秦之咸阳为赵王寿。'秦王竟酒，终不能加胜于赵。赵亦盛设兵以待秦，秦不敢动。"

渑池相会：比喻在外交上不亢不卑，建立功勋。

负荆请罪

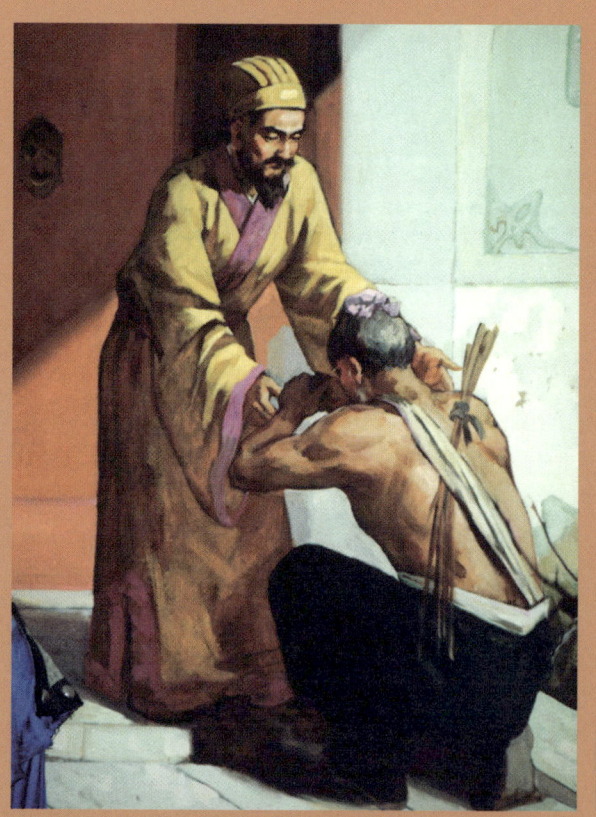

负荆请罪

蔺相如由于完璧归赵和渑池会盟有功，受到了赵惠文王的重用，被拜为赵国上卿，位居廉颇之上。廉颇愤愤不平，他逢人便说："我作为赵国的大将，有攻城野战、卫国捍疆的汗马功劳。蔺相如出身低贱，仅仅凭着口舌之劳而位居我之上，我实在难以咽下这口气。一旦遇到蔺相如，定当面羞辱他不可。"

蔺相如听说后，就处处躲避廉颇，尽量避免和他直接见面，每逢上朝时，常常假托有病，不愿意和廉颇去做无谓的争斗。

一日，蔺相如乘车外出，在一条狭小的街道上与廉颇的车子相遇。由于道路狭窄，只能容一辆马车通过。蔺相如身为上卿，理应由廉颇让路，但蔺相如见廉颇耀武扬威，毫无避让之意，知道他有意挑衅，为避免发生冲突，赶忙命车夫驶入路旁的一条巷子中，等廉颇的车辆过去后才回到街道上。

随从们对蔺相如的再三避让感到十分不解，纷纷要求离他而去。蔺相如问道："你们看，秦王和廉将军相比哪个厉害？"随从们说："当然是秦王厉害了。"蔺相如说："秦王的威严声振六国，天下没人敢去抵抗，但我蔺相如敢在大庭之上当面呵斥他。秦王我都不怕，难道我还怕廉将军吗？"随从们一听，你看看我，我看看你，无话可说。蔺相如接着说:"秦国之所以不敢出兵侵犯赵国,就是因为文有蔺相如,武有廉大将军。如果我和廉将军斗起气来,两虎相斗,必有死伤,到那时赵国的大业就难保了。我对廉将军忍辱退让,是考虑国家利益在先,考虑个人恩怨在后。"随从们听了恍然大悟,深为蔺相如的宽宏大量所折服,忙伏身跪拜,表示今后甘愿听从蔺相如的调遣。

这一天,游说名士虞卿受赵惠文王之托去拜见廉颇。见面后,虞卿先把廉颇攻城野战的功绩夸耀一番,然后话锋一转,说道:"廉将军,若论军功,那蔺相如自然不如你;可若论气量,将军你可就不如他了。"廉颇听了不禁一怔。

虞卿接着说:"现在秦国不敢犯我尊严,是因为最怕赵国的两个人。"廉颇忙问:"哪两个人?"虞卿说:"老将军和蔺相如。"廉颇听了不以为然:"那蔺相如不过是门客出身,小人得志,怎么能与老夫相提并论。"虞卿说:"要论战功,赵国无人敢与廉将军相比,但要论胆略和气量,还要首推蔺相如。"

廉颇听了很不服气地说:"蔺相如以口舌巧取功名,不过一介懦夫。他有什么气量?"虞卿不慌不忙地说:"蔺相如首次入秦,完璧归赵,油锅面前无惧色;渑池会上,迫使秦王击瓦盆,这胆略无人可比。他在秦王面前随时都有杀身之

蔺相如回车

祸,尚且毫不惧怕,难道还怕老将军不成?他不过是怕将相不和,给敌人以可乘之机。他以国事为重,不记私仇,身为上卿,忍受耻辱,对你再三避让,这气量也是无人可比的。"廉颇听了,已不再像刚才那样骄狂。虞卿进一步说:"如今两位重臣,一个再三谦让,一个咄咄逼人,恐怕好名声不会落在将军身上。再说,如果蔺将军居功自傲,闹得将相不和,外敌乘虚而入,进攻赵国。试问这误国之罪,该由谁来承担呢?"廉颇听了如梦方醒,满面羞愧,忙向虞卿请罪说:"听君一席话,使我茅塞顿开。将相不和是国家最大的危害。我身为上将军,只顾争功泄愤,真是心胸狭隘,这误国殃民之罪尽在我一人身上。"

虞卿拱手说道:"人非圣贤,孰能无过。老将军能明白过来,这是赵国的福分呀!"廉颇连连

将相和雕塑

成语典故篇

088

摆手:"不要再羞辱我了,我已无地自容。"

虞卿告辞后,廉颇袒露着肩背,身背荆条来到蔺相如府上登门请罪,见到蔺相如,扑通一声跪在了地上。蔺相如也赶忙迎前跪下:"老将军这是……"廉颇羞愧难言:"我是一个粗野而鄙下的人,想不到蔺上卿对我如此宽容。"蔺相如恳求说:"老将军快快请起。"说着便取下廉颇背上的荆条,用自己身上的衣服给他披上。两人抱在一起,廉颇老泪纵横,激动地说:"从今日起,我愿与你结为生死之交,精诚团结,同心报国。"将相和的事迹传到诸侯国,众人交口称赞,都不敢轻言犯赵。

典故出自《史记·廉颇蔺相如列传》:"廉颇闻之,肉袒负荆,因宾客至蔺相如门谢罪……卒相与欢,为刎颈之交。"

负荆请罪:负,指背的意思。荆,荆条,古代用作打人的刑具。原意是背上荆条向对方请罪。后来人们用它比喻完全承认错误,诚心请求对方惩罚。

刎颈之交:用来形容生死与共、愿互相以生命相许的好友。

纸上谈兵

赵将括母
列女传
明·仇英

赵将括母

赵将马服君赵奢之妻赵括之母也。秦攻赵，孝成王使括代廉颇为将，将行，括母上书言于王曰：括不可使将。王曰：何以？曰：始妾事其父，父时为将，身所奉饭者以十数，所友者以百数。大王及宗室所赏赐者尽以与军吏士大夫，受命之日不问家事。今括一旦为将，东向而朝，军吏无敢仰视之者。王所赐金帛，归藏之于家，而日视便利田宅可买者买之。王以为若其父乎？父子不同，执心各异，愿王勿遣。王曰：毋置之，吾计已决矣。括母曰：王终遣之，即有不称，妾得无随坐乎？王曰：不也。括既行，代廉颇三十余日，赵兵果败，括死军覆，王以括母先言，故卒不加诛。君子谓括母为仁智。诗曰：老夫灌灌，小子蹻蹻。匪我言耄，尔用忧谑。此之谓也。

老将廉颇率二十万赵军在长平抗击秦军。廉颇用兵持重,坚守不出,用持久战的办法来消耗秦军的战斗力,竟使秦军一筹莫展。到公元前260年7月,秦赵两军在长平已对峙了四月有余。由于秦军远离本土,粮尽草绝,眼看就要不击自溃。无奈,秦将王龁只得写了奏章向秦王禀报军情。

秦王向丞相范雎问计,范雎说:"廉颇身经百战,很有谋略。要想攻破赵国,必须想办法把廉颇替换下来。"于是,范雎派了几名心腹,带着千金巨款来到邯郸,专门去贿赂赵王身边的人。不几天,赵孝成王就听到了各种传闻,说廉颇年老怯战,不敢出击;也有的说廉颇怕打了败仗,毁了自己一世的英名;还有的说,秦国最怕的是赵奢的儿子赵括,他去带兵,必将势不可挡。

赵孝成王听了这些议论,对廉颇的疑虑越来越大,就把赵括召来问道:"你能把秦兵打退吗?"赵括说:"秦国如果派大将白起来,我需要好好筹划一番。现在派王龁来,不在话下。"接着又滔滔不绝地讲起了兵法。赵孝成王听了很高兴,恨自己没有早用赵括,当即任命赵括为上将,派他去接替廉颇。

赵括是已故赵国名将赵奢的儿子,年轻时读了不少兵书,谈论起军事头头是道,连赵奢都辩不过他。但是赵奢并不看中他。赵括的母亲感到

长平之战

有些不解，就问赵奢："儿子的兵法不错，怎么没听见你夸奖他呢？"赵奢说："战争杀伐是决定人生死的大事，而赵括只会纸上谈兵，并不懂得指挥打仗。将来赵国不用赵括则已，如果用了他，让赵军失败的一定是他。"

赵括为将的消息传出去后，蔺相如忙去劝赵孝成王说："大王不要因为赵括善论兵法就重用他。他只知道死读书，不懂得随机应变。就如同用胶把瑟柱粘住不能扭动，音调不能调整，就奏不出音乐来了。"

赵括的母亲知道了这件事后，也上书赵王，说他的儿子不能领兵挂帅，请求大王另择良将。可赵孝成王主意已定，对赵括母亲的话一句也没听进去。赵母说："既然大王不肯听我的话，一旦赵括出了什么差错，请不要再连累我。"赵孝成王答应后，便给赵括拨了二十多万兵马，命他奔赴长平前线。

赵括一到长平，就全部改变了廉颇的持久战计划，将所筑的星状营垒并成一座大营，并主动出战。秦国得知赵括为将的消息后，立即派白起替换了王龁。白起在交战时假装败退，背地里截断了赵军的粮道，然后派重兵把赵军团团围住。

到了九月，赵军已断粮四十六天，饥饿的士兵在营垒内相互残杀，以人肉充饥，再也无法坚守下去了。绝望之中，赵括组织了四支突围部队，轮番突击，企图打开一条通路。可是秦军像铜墙铁壁一般，每次突围都被白起布置的弓箭手射回。又过了一个月，赵军的死伤越来越多，援军又被阻截在外。赵括只得披上厚甲，骑上战马，亲自率领着精兵拼死突围。在突围中，赵括的坐骑突然马失前蹄，将他摔倒在地，赵括也被乱箭射死。赵军失去了主帅，军心大乱，最终数十万大军全部被秦军坑杀。

长平战役是战国史上一场规模空前的战争，也是战国时期一次最为残酷的大屠杀，也成为赵国由强盛走向衰败的标志。

典故出自《史记·廉颇蔺相如列传》："赵王因以括为将，代廉颇。蔺相如曰：'王以名使括，若胶柱而鼓瑟耳。括徒能读其父书传，不知合变也。'"

胶柱鼓瑟：瑟，是一种古代的拨弦乐器，通常有二十五根弦，每弦有一柱，是调节音调的短木。用胶把柱粘住不能扭动，音调就不能调整，就奏不出音乐来了。比喻拘泥固执，不知变通。

纸上谈兵：依照书本谈论用兵之道，后用来形容那些没有真才实学而又善于高谈阔论的人。

窃符救赵

历史事件

信陵君夷门访侯嬴
清·吴历

就在平原君带领毛遂一行二十人赴楚国结盟抗秦的同时，赵国也火速派人向魏国求救。魏王惧怕秦国，只命大将晋鄙带领三十万大军驻守在魏赵的边境邺（今河北临漳县），却观望不前。

魏王的弟弟信陵君是战国四君子之一，与赵国的平原君交往很深，其姐姐又是平原君的夫人，眼看邯郸危急，魏王又不发兵救援，心急如焚。这时他收到了平原君的一封信，信中言辞恳切："现在邯郸眼看就要被秦国攻破，而魏国的救兵却迟迟不到。你的姐姐如今茶饭不思，日夜悲泣，公子可以不管赵胜，难道连自己的姐姐也不顾了吗？"信陵君读后十分惭愧，又去请求魏王，魏王仍然不答应。信陵君无奈，只好带着自己的门客一千多人赴邯郸抗秦。

信陵君领兵走到魏国国都大梁城东门时，碰到好朋友侯嬴。侯嬴是一位看守魏都东门的老人，他见信陵君鲁莽出战，便说道："我老了，不能与公子同行，请公子保重！"

信陵君走出十几里地之后，觉得不对劲，以往我待侯嬴不薄，为什么我要走了，在这生死别离的时刻，他竟无一言半词送我？这其中必有原因。于是他留宾客于郊野，独自引车转回来见侯嬴。侯嬴说道："你带着千余名宾客去与强大蛮横的秦军作战，无异于是肉投饿虎，有去无还。"接着侯嬴说出一条妙计，"魏王的宠妾如姬曾寻人为其父报仇,三年未能如愿,是公子为她报了父仇,她一直想报答公子的恩情,苦于没有机会。如果公子求如姬从魏王身上盗取兵符,岂不强于公子与秦军死拼?"信陵君依计而行,恳请如姬盗出兵符。如姬深明大义,不顾个人安危,用酒将魏王灌醉,趁其熟睡之机盗取了兵符。

信陵君手持兵符,带领一支人马直奔魏军驻地。见到晋鄙后,信陵君的随员朱亥递上兵符,并要求晋鄙交出兵权。晋鄙怀疑其中有诈,迟迟

窃符救赵
明刊本·东周列国志

朱亥像 东周人物绣像

不肯交出兵权。信陵君无奈,向朱亥递了一个眼色,朱亥抡起铁锤砸死了晋鄙。信陵君夺得了兵权,率领援军火速向邯郸赶去。

恰在这时,楚国的春申君也带救兵赶到,加上赵国组织的敢死队,三支军队奋力抗秦,秦军则节节败退,邯郸化险为夷。

危机解除后,赵孝成王与平原君带着酒肉到魏营犒赏三军,答谢信陵君窃符救赵的义举。

典故见于《史记·魏公子信陵君列传》:"嬴闻晋鄙之兵符常在王卧内,而如姬最幸,出入王卧内,力能窃之。"

窃符救赵:比喻不正面交兵,用计谋而达到目的。

旷日持久

田单火牛破敌
马骀画宝

平原君像
东周人物绣像

战国时候，燕国派大将荣蚠为统帅，带领重兵南下攻打赵国。得到情报以后，赵王立即召来相国平原君商议对策。平原君说："大王，我想把济东三个县区的大小五十七座城割让给齐国，以换取齐国的大将田单来赵。让他率领赵军去抵抗燕军，定可取胜。"

赵王问平原君为什么非要请田单为将，平原君说："田单曾用火牛阵，把燕军打得一败涂地。"赵王觉得田单非常有韬略，同意了平原君的意见。

赵国大将赵奢知道后，气冲冲地来见平原君："难道我们赵国就没有率兵打仗的大将吗？仗还没有打，就先割让三县五十七座城池送给齐国，这怎么行呢？大王为什么不派我为统帅呢？我熟悉燕国的地形，让我带兵去迎战，保证在百日之内不仅能把前来侵犯的燕军赶跑，还能把燕国拿下来。我们赵国有人，不需要另求别人。"平原君主意已定，便摆着手说："这件事赵王已经定下来了。"

赵奢仍不罢休，对平原君说："即使请田单指挥赵军作战，赵国也不可能取胜。第一，如果田单愚蠢，他便打不过荣蚠，这样就白请他来了；第二，如果田单是个聪明的人，他便绝对不会卖力和燕国人作战，因为齐国早就想当霸主，赵国取胜强大起来，对齐国称霸是不利的。"赵奢最后说，"依我看，让田单领兵作战，他一定会把赵国的军队拖在战场上，耗费时日，拖延不决，这样就会把赵国的人力、财力、物力消耗殆尽，后果将不堪设想。"

赵奢的道理讲得很透彻，但平原君仍固执己见，用五十七座城池把田单请来，让他带领赵军去和燕国对抗。不出赵奢所料，田单空废时日，拖延战事，打了好几年，结果把赵国的兵力和财力全都消耗在战场上，直到燕赵两国精疲力尽时，他才收兵归来，从而削弱了燕赵两国的实力，使齐国强盛起来。

> 典故出自《战国策·赵策四》："马服君曰：'……今得强赵之兵以杜燕将，旷日持久……'"
>
> 旷日持久：形容空废时日，拖延过久，而事情不见成效。

历史事件

奉公守法

赵奢塑像

赵奢像

  赵国有一位名将叫赵奢,他善于用兵作战,因屡建奇功被赵惠文王赐封为马服君,位列上卿。

  赵奢年轻的时候在赵国任田部吏,是一名负责征收田赋的小官。他忠于职守,执法严明,不畏权势,秉公办事。有一次,他带人到平原君赵胜家去征收田税,平原君是赵惠文王的弟弟,又是赵国的相国,家有食客数千人,官居高位,权势显赫。来到平原君府门口,赵奢说明来意后,平原君的家臣依仗权势,蛮横无理,聚众吵闹,抗税不交。赵奢见他们如此嚣张,十分气愤,便依据国法下令把九个带头闹事的人抓起来就地斩首。

  平原君得知家臣被杀,怒不可遏,命令武士把赵奢抓进府内,二话没说便要问斩。赵奢毫不畏惧，挺着胸膛问平原君："请问相国，因何斩我？"平原君反问："你为何斩杀我九名家臣？"赵奢说："拒交田赋，王法不容。"平原君问："你可知道我是何人？"

赵奢说："您是赵国的相国，名扬天下的贤公子。可如今却纵容家臣拒交田赋，不遵守国家法令。国家法令受到损害，整个国家就要受到削弱。如果都像您这样，有法不依，那谁还交赋税？赋税难征，那国家还能维持下去吗？法弱而国贫，国贫必定容易发生内乱，甚至遭受强国的侵犯而灭亡。到那个时候，国家保不住，您还能保住您的地位、财富和名誉吗？像您这样官居高位的人，如果能够带头遵守国家的各项法令制度、奉公守法，百姓也遵章守纪，那么国家富强、社会安宁，赵国的江山才能更加稳固，天下人也才会更加尊敬您。"

赵奢的一番话使平原君心悦诚服，最后，他不但没杀赵奢，反而还向赵惠文王举荐了赵奢。赵惠文王命他管理全国的赋税，赵国很快出现了庶民富足、国库充实的大好局面。

典故出自《史记·廉颇蔺相如列传》："以君之贵，奉公如法则上下平，上下平则国强，国强则赵固。"

奉公守法：奉，奉行、遵守的意思；公，指国家的规定。指遵守国家规定的法令制度。

丛台置酒

光武帝刘秀像
唐·阎立本

西汉末年,刘秀参加的绿林军打败了王莽的四十万大军,声威大震。为了扩大起义军的地盘,更始帝刘玄派刘秀渡过黄河北上发展势力。

当时黄河以北最大的势力是在邯郸称帝的王郎。刘秀联合上谷、渔阳的兵力向王郎发起了进攻。更始帝刘玄也派出尚书令谢躬率军前来助战,同时任命马武为振威将军,跟从谢躬协助刘秀共击王郎。谢躬在讨伐王郎时还兼有牵制和监视刘秀的使命。

打败了在邯郸称帝的王郎后,刘秀占据了黄河以北的广大地区,一时声名显赫。这时更始帝刘玄担心其势力增强而难以控制,派使者来到邯郸,要刘秀解散军队,回长安复命,欲解除刘秀的兵权。刘秀羽翼已丰,便上书刘玄说,黄河以北尚未完全平定,无法抽身回长安,从此开始脱离更始帝的控制。

此时,刘秀和谢躬虽然都驻扎在邯郸城,却分居两处。谢躬是军中的一员猛将,刘秀有心收服他,使其为自己效力,但谢躬不从。刘秀知道此人不能为己所用,便想找机会拔掉这根刺。

为了快刀斩乱麻,刘秀以庆功为名摆下了鸿门宴,邀请谢躬和马武等人赴宴,想在宴会上除掉谢躬。由于振威将军马武就坐在谢躬身边,而且谢躬在门外陈兵列甲、准备充分,使诛杀谢躬的计划未能实现。于是刘秀改变策略,准备从内

油画《丛台置酒》

丛台置酒

部实施分化瓦解。

  一天,刘秀在丛台上摆好酒宴,单独邀请马武登上丛台。席间刘秀漫不经心地对马武说:"我有一支从渔阳和上谷两郡征集来的精锐骑兵,打算把他们交给你率领,怎么样?"马武客气地说:"我这个人怯懦迟钝,心底里没有韬略,怕是不能胜任啊!"刘秀说:"马将军过谦了!你是一位久经沙场的将军,精通战略战术,我身边的将领哪个能比得上你呢？"刘秀把自己最精锐的骑兵让马武统领，让他很感动。马武回答说："以后如有机会，愿意听从大王的调遣！"

不久，谢躬被杀后，马武骑快马投奔刘秀。后他跟随刘秀南征北战，在战场上冲锋在前，勋劳卓著。刘秀登上帝位后，任命马武为侍中、骑都尉，封山都侯。

清人吴伟业曾在《永和宫词》中写道："从此君王惨不乐，丛台置酒风萧索。"著名书法家于右任先生，曾在丛台武灵馆前楹柱题联："置酒高台上，由来慷慨悲歌地。平胡传袯服，莫负风云际会身。"

典故出自《后汉书·马武列传》："更始立，以武为侍郎，与世祖破王寻等，拜为振威将军，与尚书令谢躬共攻王郎。及世祖拔邯郸，请躬及武等置酒高会，因欲以图躬，不克。既罢，独与武登丛台。"

丛台置酒：指在丛台摆下酒宴。比喻别有目的的安排，亦作"置酒丛台""置酒高台"等。

人物故事 㳘

叁 —— 人物故事

简子放生

赵简子像

简子放生雕塑

春秋时期的邯郸是晋国国卿赵简子族人的居住地,每逢过春节时,他就回到族人中间与民同乐。当时人们将鱼、龟放游到江河,将鸟放飞到大自然,这种"放生"被誉为积善之举。赵简子喜欢在过年时把捉来的斑鸠放生,以表明自己的仁政和善。

大年初一这天,邯郸城的老百姓纷纷拥进赵简子的府第进献斑鸠。赵简子非常高兴,对来人给予优厚的赏赐,使进献斑鸠的人络绎不绝。

有一位门客见到这种热闹的情景，感到有些迷惑不解，他问赵简子这样做的目的是什么，赵简子回答说："大年初一放生，表示我对生灵的爱护，有仁慈之心嘛！"

门客说道："您对生灵有如此的仁慈之心，这是难得的。不过您想过没有，老百姓知道您要用斑鸠放生，所以争先恐后地去捕捉斑鸠。在捕捉的过程中，有许多斑鸠被打伤或打死，这样一来，被您放生的是少数，而死掉或受伤的却是多数。您如果真的要放生，想救斑鸠一命，就应下道命令，禁止老百姓捕捉。现在您奖励老百姓捕捉斑鸠，然后再放生，那么您的仁慈还抵不上对斑鸠造成的灾祸呢！"

赵简子听了门客的一席话后，恍然大悟，便诚恳地点点头说："你的话很对。"从此他再也不让百姓去捕捉斑鸠了。

典故出自《列子·说符》："邯郸之民，以正月之旦，献鸠于简子（赵鞅），简子大悦，厚赏之。客问其故，简子曰：'正旦放生，示有恩也。'客曰：'民知君之欲放之，故竞而捕之，死者众矣。君如欲生之，不若禁民勿捕。捕而放之，恩过不相补矣。'简子曰：'然'。"

河伯娶妻

西门豹乔送河伯妇
明刊本·东周列国志

公元前422年,魏文侯派西门豹到邺城(今河北省临漳县一带)当县令。西门豹看到这一带人烟稀少,满目荒凉,就问老百姓们是怎么回事。一位白胡子老人说:"漳水常常泛滥成灾,每年都要给河伯娶媳妇。河伯是漳河的河神,要是不给河伯送去媳妇,漳河就要发大水,把田地、村庄全淹了,弄得百姓不得安宁。"

西门豹仔细一打听,原来是地方上的贪官跟巫婆串通起来搞的鬼。邺县的三老、廷掾、里豪为了搜刮百姓钱财,与巫婆相勾结,每年都要从民间物色一个少女作为新娘献给河伯。凡家中有女孩的人家,都怕被巫婆选中,纷纷携带女儿逃亡,有钱的人家就拿钱赎身,他们趁机从老百姓身上搜刮钱财。待到了河伯正式娶妻那天,里长和巫婆们就把选来的姑娘打扮成新娘子模样,并把她搁在一只由苇草编成的小船上,然后再把小船放到漳河里,让其随着波浪漂流。小船往往漂不了多远,就与新娘子一齐沉入了河底。西门豹听后十分气愤。

第二年"河伯娶妻"的这天,西门豹带着随从来到了现场。他看到操办婚事的里长和巫婆们都在场,就提出要亲自看看河伯的新媳妇。西门豹看了两眼,就对巫婆说:"这姑娘有点丑,麻烦你去告诉河伯一声,等找到漂亮姑娘再给他送去!"说完一挥手,随从立即上来,抱起巫婆

后赵时期的西门豹祠堂石柱铭文与刻像

一下子扔到漳河里去了,巫婆在水里挣扎了几下便沉到河底了。西门豹见巫婆久久不回来,又以派人催问为借口,把巫婆的几个徒弟相继扔进河里。过了一阵,他又命令随从将里长投到河里,里长和其他巫婆们吓得跪在地上直磕头,求西门豹饶命。从此,再也无人敢提给河伯娶媳妇的事了。西门豹带领百姓兴修了十二条渠道,根治了水害,漳河两岸年年丰收,很快就使邺城民富兵强,成为战国时期魏国的东北重镇。由于西门豹治邺有方,深受人民爱戴,后人在漳河岸边修建了西门豹祠堂。唐代诗人汪遵在《咏西河》一诗中写道:"花貌年年溺水滨,俗传河伯娶生人。自从明宰投巫后,直至如今鬼不神。"

典故出自《史记·滑稽列传》:"魏文侯时,西门豹为邺令。豹往到邺,会长老,问之民所疾苦。长老曰:'苦为河伯娶妇,以故贫。'豹问其故……"

叁 —— 人物故事

难至节见

赵武灵王骑射

沙丘平台遗址

赵武灵王实行胡服骑射的改革后，赵国迅速强大起来，由此产生了吞并秦国的志向，为了腾出精力致力于军事扩张，赵武灵王决定提前退位。

公元前299年，赵武灵王宣布退位，自称主父，立年幼的次子赵何为王，称赵惠文王，封长子赵章为安阳君。赵惠文王任命肥义为相国，奉阳君李兑为太傅，公子成为司寇。赵章眼看弟弟登上王位，自己则被封为安阳君，非常不满，时刻想夺取王位。赵武灵王废长立幼，也在朝中形成了拥护赵何和赵章的两股势力，双方剑拔弩张，大有一触即发之势。位高权重的肥义成了政敌仇杀的对象。

太傅李兑看出赵章要争夺王位，怕祸及肥义，便来到肥义府上劝说道："主父立次子赵何为王，而不立长子赵章，赵章肯定心存不满，而辅佐赵章的田不礼刚愎自用，知进不知退，赵章与他在一起，过不了多久，必然要生事。说不定哪一天，他俩就会合起来谋害惠文王与主父，而且首先会把仇恨的刀矛对准你。为了躲避他们争权夺势的这场灾祸，依我看，你不如从现在起称病在家，闭门不出，把所承担的国事都推给他人去处理。只有这样，你才能安然无恙。"

肥义对老朋友的忠告非常感谢，但他却表示，不能从命，他摇摇头说："我不能这样做。过去，主父曾嘱咐我，要我永远忠诚他和惠文王，直至老死。我曾当场允诺，现在，我怎么能因为害怕田不礼的陷害而改变我的誓言呢？俗言说得好：真正的贞臣，难至而节见；真正的忠臣，累至而行明。只有在承担重任时，才能表明他的品行。你刚才的话虽然是为我好，但我实在不能照着你的话去做啊！"肥义的话使李兑很感动："好了，我是劝不了你了，今后你自己多保重吧！"

时隔不久，叛乱就发生了。一天，惠文王赵何设朝召见群臣，公子章也来朝拜。武灵王看到长子赵章在其弟面前俯首称臣觉得很可怜，就想把赵国一分为二，让兄弟俩同时称王，但由于大臣的反对，没有实现。

有一天，赵武灵王和赵惠文王一同到邯郸城北约百里之外的沙丘游览。晚上他们分别住在两座行宫里。公子章和部将田不礼见时机已到，便想刺杀赵惠文王。他们假传圣旨，说赵武灵王突然病发，要召见惠文王，企图骗他出宫，然后在中途加以暗害。肥义感到事情有些蹊跷，怕有不测，让赵惠文王留在宫中，自己乘轿只身前往，赵章和田不礼误认为来者是赵惠文王，结果肥义死在了田不礼的刀箭之下。

赵武灵王的叔父公子成和大臣李兑闻讯，带着一队人马自邯郸赶来，双方展开激战。田不礼被杀，赵章狼狈逃到沙丘宫外，请父王救命。赵武灵王可怜儿子，便打开宫门接他入宫。公子成

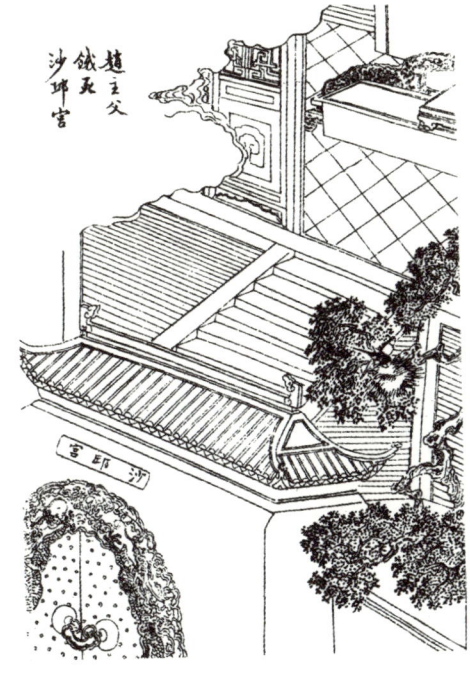

赵武灵王饿死沙丘 明刊本·东周列国志

和李兑冲进沙丘宫，杀死了赵章。但他们害怕赵武灵王追究围宫之罪，所以仍不撤兵。三个月后，武灵王饿死在沙丘宫中。

  典故出自《藏书·名臣传·肥义》："且夫贞臣也难至而节见，忠臣也累至而行明。"
  难至节见：指只有大难当头时，才能显出人的节操。常比喻人们对国家对民族的忠贞。

市道之交

廉颇是赵国的名将，曾为赵国立下赫赫战功，他以英勇善战而闻名列国，因此，赵惠文王拜他为上将军。由于廉颇位高权重，当时将军府前车水马龙，前来拜访的人熙熙攘攘，应接不暇。

公元前260年，秦赵之间爆发了长平之战。赵孝成王拜廉颇为帅，让他带领二十万精兵到长平去迎战秦军。廉颇从战场的实情出发，采用了"坚壁持久"的策略，眼看着远离本土的秦军即将草断粮绝，可就在这时，赵孝成王中了秦国的"反间"计，临阵易将，改用纸上谈兵的赵括为将，解除了廉颇的兵权。

廉颇回到邯郸后，因为丢掉了大将军的官职，原先常来拜访的人一个也不见了，许多人在街上见了他也远远地躲开。将军府前由过去的门庭若市变成门庭冷落车马稀。

赵括只会纸上谈兵，结果在长平之战中大败，一夜之间，秦国坑杀赵兵四十多万。这场战役结束不久，燕王采纳宰相栗腹的建议，认为赵国将士全部战死在长平，元气大伤，可以趁机攻打赵国。

赵孝成王闻讯，重新起用廉颇为将，让他带兵去迎击燕军，结果大获全胜，不仅把燕兵打得溃不成军，而且还杀死了燕国相国栗腹，并围困了燕国都城。燕国提出以割让五座城给赵国，作为求和的条件，赵军才答应退兵。廉颇因建有战功，赵王封他为信平君，并代行相国的职务。

廉颇的权势比以前更重了。这时的将军府前车来人往，客人不断，又恢复了以前那种熙熙攘攘的热闹场面。廉颇对这些人很反感，于是便下逐客令说："你们现在看我又有用处了，都来恭敬我，从前我受冷落时，你们都干什么去了？"这时，有一个客人站出来说："廉将军，你得势时，我们追随你；你失势时，我们就离去。天下人以利害相交往，这是很自然的事，你何必怨恨发火呢？""什么常理？全是势力眼！"廉颇气愤地把客人赶了出去。

典故出自《史记·廉颇蔺相如列传》："客曰：'吁！君何见之晚也？夫天下以市道交，君有势，我则从君，君无势则去，此固其理也，有何怨乎？'"

市道之交：市道，意思是市场交易之道。常用来形容重利而忘义的行为。

叁 —— 人物故事

犹豫不决

鲁仲连像

鲁仲连不肯帝秦
明刊本·东周列国志

公元前260年，秦军在长平大破赵军后继续东进，乘势包围了赵国都城邯郸，声言要消灭赵国，赵国危在旦夕。赵孝成王派人向魏、楚等国求救。魏王派大将晋鄙率兵东进，楚王也派春申君领兵北上，协同救赵。秦王闻讯，亲临邯郸督战，并派使者威胁魏王："邯郸指日可破，谁出兵救赵，我就先攻打谁！"魏王因惧怕强秦，便令晋鄙停止前进；楚春申君也随即按兵不动，观望事态的发展。

赵王见救兵迟迟不到，便再次向魏王求救。魏将辛垣衍向魏王献计说："秦国攻打赵国，目的不只在征服赵国，而在于显示实力，试图称帝。如果赵国尊秦昭王为帝，秦国必然会撤围退兵。"魏王便遣辛垣衍为特使前往赵国，通过平原君劝告赵王说："秦兵围困邯郸是为了与齐王争夺帝位，如今齐国已经衰弱，秦国雄视天下，企图争当霸主，假若赵国派使臣称秦昭王为帝，赵国甘为臣国，秦王一定会撤兵的。"平原君犹豫不决，闷闷不乐。这时正巧齐国的高士鲁仲连路过赵国，他是一位气节清高的谋士，在诸侯国中很有声望，他不喜欢做官，而喜欢在各国游说。鲁仲连听说辛垣衍鼓动赵王向秦国称臣，尊秦昭王为帝，心里感到愤愤不平，于是就去找辛垣衍。

辛垣衍见到鲁仲连，客气地说："如今邯郸城被围，留在这里的人都是有求于赵国的，可先

鲁仲连
明刊本·东周列国志

生并非此辈人,为什么还留在这里呢?"鲁仲连说:"我没有考虑自己的安全。我认为秦国是个不讲礼义、穷兵黩武的国家,他们常用欺骗的手段来对待读书人,以酷刑压服百姓,这样的人如果独占天下,施行恶政,我宁可投东海而死。我今天来见你,就是为了让魏、燕两国协力帮助赵国。"辛垣衍说:"我是魏国人,先生怎样才能叫魏国来帮助赵国呢?"鲁仲连说:"如果魏王认清了秦王称帝的祸害,他就会同意发兵救赵的。"辛垣衍接着问:"让秦王称帝又有什么害处呢?"

鲁仲连说:"如今秦国是个有万辆战车的大国,魏国也是,同样拥有称王的实力。只看到秦王打了一次胜仗,就想屈从并尊他为帝,这样做还不如宁死不屈的邹、鲁小国呢。如今秦王贪心不足,如果他真的称帝了,就要变动各诸侯国的大臣,撤换他厌恶的人而重用他认为贤能的人,他还要把自己的女儿和那些喜欢说别人坏话的女人嫁给诸侯做嫔妃。这种人一旦进入魏国大梁王宫,魏王还能泰然自若吗?就是将军您还能保住现在的宠幸吗?"

辛垣衍听罢鲁仲连的这番话,连忙向鲁仲连拜谢道:"先生所言极是,今天才知道先生不愧是天下的名士呀,我这就回国劝说魏王,再也不提称秦为帝的事了。"

秦国的将领听到辛垣衍被鲁仲连说服的事情

后，马上退兵五十里。正好赶上信陵君夺取了魏将晋鄙的军权，并出兵援助赵国，秦军只好撤退。

赵国得救后，赵王很感谢鲁仲连，派平原君送重金给鲁仲连，鲁仲连坚辞不受，并且说："我所以为天下之士所尊敬，就是为人排忧解难而不要报酬，谋求利益是商人的所作所为，我是不会这样做的。"从此鲁仲连离开赵国，再也没有回来。

典故出自《战国策·赵策三》："魏王使客将军辛垣衍间入邯郸，因平原君谓赵王曰：'秦所以急围赵者……其意欲求为帝。赵诚发使尊秦昭王为帝，秦必喜，罢兵去。'平原君犹豫未有所决……鲁仲连笑曰："所贵于天下之士者，为人排患、释难、解纷乱而无所取也。"这个故事中包含的成语有："犹豫不决""义不帝秦"和"排难解纷"。

犹豫不决：比喻思想上有顾虑而拿不定主意。

排难解忧：指为别人排除危难，解决纠纷。

叁 —— 人物故事

毛遂自荐

毛遂塑像

楚王像
东周人物绣像

毛遂自荐邮票

公元前257年，长平之战后秦军又一次围困了赵都邯郸。大军压境，邯郸危在旦夕。为解邯郸之围，赵孝成王想联合楚国共同抗秦，推举楚王为盟主，订立盟约，然后请各国出兵解救赵国。因此他便派平原君赵胜到楚国去。平原君打算从数千名门客中挑选二十名文武兼备的人一同前往，可挑来挑去只挑选出十九个符合条件的人，还差一人怎么也选不出来。

平原君正在发愁时，门客中有一个叫毛遂的人自我推荐说："既然少一人，我愿意随先生一同前往。"平原君上下打量了一下毛遂问："先生到我这里几年了？"毛遂答："三年。"平原君说："一个具有贤德与才能的人，好比一把锥

毛遂墓

子藏在口袋里，锥子的尖儿立刻就能露出来。可你在我府上已经三年了，我还没听到有人说起过你的业绩，可见你没有什么突出的才能。我这次去楚国，肩负着拯救社稷的重任，没有特殊才能的人是不便同去的。你还是留下吧。"毛遂辩解道："不是我没有什么特殊的才能，而是你尚未将我装于囊中。倘若把我装于囊中，我的才能便会脱颖而出，何止是只露出一点锥尖儿呢。"

平原君见他说得有理，便带着毛遂一起到楚国去了。进了楚宫，楚王只准平原君一人上殿议事，其余人一律站在台阶下。

平原君详尽地讲述了联合抗秦的必要性，要求楚王尽快派兵解救邯郸，因楚王惧怕秦国，不敢应允出兵的事，俩人的谈判，从清晨谈到中午，也没有谈出个结果来。

站在台阶下的毛遂按捺不住自己的情绪，便手按剑柄，快步冲到楚王面前大声说道："联合抗秦的事本来两三句话就能决定，可是今天从早晨谈到了中午，仍未有结果，这是为什么？"毛遂的责问使楚王很不高兴，便呵斥道："我与你主人谈话，你上来干什么？"毛遂一把抓住楚王的衣袖说："你所以敢斥责我，不就是仗着楚国是个大国吗？不就是仗着你身边的侍卫人多吗？可眼下在这十步之内，你国大也好，人多也好，都没有用。你的性命就掌握在我的手里。"

毛遂接着慷慨激昂地说道："秦军屡屡伐楚并烧毁了楚国的宗庙，这是楚国的奇耻大辱，连我们赵国都感到羞愧，难道大王就不感到难堪吗？赵楚联合抗秦，不只是为了赵国，也是为了楚国。"

楚王被毛遂的话打动了，决定联赵抗秦，并答应立即派兵将前往赵国解围。毛遂趁热打铁，立即叫人拿来鸡、马和狗的血，当场与楚王歃血为盟。

这时候，平原君才真正领略了毛遂的才干。平原君一行人回到邯郸后，见了赵孝成王说："我这一回出使楚国，多亏了毛遂先生。他那三寸之舌，真比百万雄兵还要强啊！"从此以后，毛遂被平原君尊为上等宾客。

典故出自《史记·平原君虞卿列传》："毛遂曰：'臣乃今日请处囊中耳。使遂蚤得处囊中，乃颖脱而出，非特其末见而已。'……毛遂左手持盘血而右手招十九人曰：'公等录录，所谓因人成事者也。'……平原君曰：'……毛先生以三寸之舌，强于百万之师。'"因而演化出"毛遂自荐""脱颖而出""因人成事""三寸之舌"等成语。

毛遂自荐：用以比喻自告奋勇、自我推荐。

脱颖而出：比喻获得机会，显示出才智和技能。

因人成事：比喻自己没本事，依靠别人的力量办成事。

三寸之舌：用来形容能说会道，善于辩论。

奇货可居

吕不韦
大贾面目假父
衣冠拟
礼贤士成
一家言
争名
于朝
争利
于市令
之駔
侩如其智

吕不韦像
明刊本·东周列国志

奇货可居
明刊本·东周列国志

吕不韦是战国末年阳翟（今河南禹州）的一位大商人，他经常往来于各国，贱买贵卖，积累了许多财富。

公元前251年，吕不韦经商到了赵国都城邯郸，在街市上偶然遇见一位少年，他虽衣衫不整，却气度不凡。经打听得知，此人是秦昭王的孙子、太子安国君的儿子，名叫异人，秦赵渑池会盟后来到赵国做人质。因为秦国不断侵犯赵国，所以赵国对他很冷淡，日常供给时有时无，生活窘困，郁郁不得志。吕不韦了解到这些情况，便准备在异人身上做一笔大的政治投机。

吕不韦回家问他父亲："种田可获利多少？"父亲说："十倍。"他又问："贩卖珠宝呢？"父亲回答："百倍。"吕不韦继续问道："那么，拥立一个国王又可获利多少呢？"他父亲惊异地说道："那获得的利益将是无法计算的。"他盘算了一下，不禁说道："这是可以囤积起来等待卖好价钱的奇货呀！"吕不韦决定不惜倾家荡产，也要做好这笔买卖。

吕不韦先设法结交异人的监守，不久便结识了异人。一日他去拜见异人说："我可以提高你的门第，改变你的处境。"异人有些不相信他的话，吕不韦分析说："秦王已经老了，太子安国君所宠爱的是华阳夫人，可华阳夫人没有儿子。你兄弟二十余人，至今没有一个人得宠，如果你现在回到秦国,去求华阳夫人做她的儿子,以后就有可能继承王位。"异人说:"我何尝不希望如此,怎奈身在他国,没有脱身之计呀!"吕不韦说:"我可以设法救你回国,也愿意拿出千金为你到秦国去游说,让她立你为继承人。"异人说:"如果能实现你说的计划,我愿意分割秦国与你共享。"

为了能让异人回国,吕不韦携带重金和珠宝来到秦都咸阳。他先去说服华阳夫人,华阳夫人也想以后有个依靠,便满口答应。华阳夫人又说服了秦昭襄王,几经周折,秦昭襄王终于同意接异人回国,但赵国不同意放人。

秦始皇像
明刊本·东周列国志

吕不韦回到邯郸,又把与自己同居、身怀有孕的赵姬送给异人为妻。异人得到赵姬,就更加感激吕不韦。第二年赵姬生下了一个男孩,便是日后兼并六国的秦始皇。因秦始皇出生于公元前259年的正月,故取名"政"。

公元前256年,秦始皇三岁时,秦兵重围邯郸,赵人非常恼怒,准备杀掉异人。吕不韦得到消息后,用六百两黄金买通了守城的官吏,和异人装扮成商人主仆,逃出了邯郸。

回到咸阳不久,秦昭襄王去世,安国君继承王位,但仅三天就死了。安国君死后又立异人为秦王。异人一登上王位,便请吕不韦做了丞相,并封他为文信侯,享受河南洛阳十万户租税为俸禄。异人过世后,太子政即位,称秦始皇,尊吕不韦为相国,号仲父。

典故出自《史记·吕不韦列传》:"子楚,秦诸庶孽孙,质于诸侯,车乘进用不饶,居处困,不得意。吕不韦贾邯郸,见而怜之,曰'此奇货可居'。乃往见子楚,……"

奇货可居:把稀有的东西囤积起来,等待高价出售。

文姬归汉

蔡文姬

蔡文姬是东汉著名学者蔡邕的女儿，名琰，字文姬，陈留圉（今河南杞县）人。她聪明貌美、博学多才，却一生坎坷。蔡邕因弹劾权贵被流放到北方，遇赦回归时，又得罪了五原太守王智，流落江湖十二载。年少的蔡文姬随父奔波，饱尝了漂泊流离之苦。

蔡文姬十六岁时，嫁给了河东人卫仲道，然而新婚不久，卫仲道就因病辞别了人世。文姬新寡，只好返回娘家居住。不久，西凉军阀董卓带兵占领了都城洛阳，各地纷纷起兵进行讨伐，董卓焚毁洛阳宫殿，西迁长安，蔡文姬和父亲蔡邕也随迁徙的人群到了长安。董卓慕蔡邕之名，让他入朝为官。后来，以王允为首的一批大臣设计杀掉了不得民心的董卓，蔡邕被当作董卓的余党被捕死于狱中。

时隔不久，董卓的一些部将又反攻长安，汉献帝和一大批被迫迁到长安的人又设法逃离长安回洛阳。这时，北部的南匈奴也以保卫汉献帝回迁为由，趁机侵入中原。在回洛阳的路上，蔡文姬与家人离散，被掠到匈奴。因她姿色超群，被南匈奴左贤王招为妃，婚后两人共同生活了十二年，并生有二子。

曹操和蔡文姬的父亲交情很深。蔡邕入狱时，曹操在东方无法相救。建安十二年（公元207年），曹操扫平了北方群雄，在邺城建立了自己的政权，

文姬归汉图
清·上官惠
广东博物馆藏

人物故事

曹操大宴铜雀台
明刊本·三国演义

这时蔡邕已死，他非常怀念故友，打听到蔡邕的女儿流落在南匈奴，念故友无后，便派使者带黄金千两、白璧一双赎回了蔡文姬。

蔡文姬归汉后，曹操在邺城的铜雀台接见了她，并亲自安排了她的生活，使她与同郡的屯田都尉（专管农垦事务的官员）董祀结了婚。

有一次，董祀不慎犯了法，罪当斩首，这对于生活刚安定下来的蔡文姬来说不啻是晴天霹雳。她闻讯后顾不得洗漱，蓬头赤脚，星夜去叩见曹操。当时曹操和许多大臣正在与远方的来使议事，

叁 人物故事

曹操像

闻报后立即召见了她。蔡文姬叩头请罪，请求开恩赦免董祀。曹操非常同情蔡文姬，也为她的执着和真情所感动，但判决书已经发出去了，曹操有些为难。蔡文姬说："您的马厩里有的是快马，手下也有的是好骑手，可以迅速派人追回来。"执法如山的曹操破例赦免了董祀。

当时正值数九寒天，曹操见蔡文姬衣着单薄，就送给她一顶头巾和一双鞋袜，叫她穿戴整齐。曹操与她拉起家常，然后问道："夫人的父亲曾写过很多著作，现在还保存着吗？"蔡文姬感慨地说："父亲生前的著作有四千多卷，后因流离失所，不剩一卷。不过父亲从小就亲口教我背诵，

文姬归汉

现在还能背出四百多篇。"曹操听了很高兴,随即表示要派十个文官到蔡文姬那里整理记录下来。蔡文姬说:"只要大王赏我一些纸笔,我就能把它写下来。"曹操派人在府中给她整理了一间书室。她终日伏案疾书,将父亲当年的四百多篇名文背写出来,呈献给了曹操。

蔡文姬还根据自己的悲惨遭遇,写下了催人泪下的《悲愤诗》及著名的自传体叙事长诗《胡笳十八拍》,诗作情感真挚、哀怨激愤,充满了浪漫主义色彩。

典故出自《后汉书·董祀妻传》。

文姬归汉:曹操把蔡文姬从南匈奴接回邺城,为保存和传播古代文化做出了贡献。

叁 —— 人物故事

冲锋陷阵

北齐高洋墓壁画

东魏墓出土的盔甲按盾武士俑

北魏末年，朝廷内部发生政乱，分裂为西魏和东魏两个政权。东魏皇帝是孝静帝元善见，但军政大权却掌握在宰相高欢的手中。

当时朝中有一位文官，名叫崔暹。他为官清廉、办事公正、不徇私情，很得高欢的赏识和信任。高欢在举兵进攻洛阳时，曾把家眷托付于他，后经高欢举荐从左丞吏部郎升迁到御史中尉。

当时朝纲不振，官员们贪赃枉法、胡作非为。崔暹不畏权贵、铁面无私，大胆揭发重臣的罪状。他先后上表弹劾尚书令司马子如、尚书元羡、雍州刺史慕容献、太师咸阳王元坦和并州刺史可朱浑道元，使他们个个都被免了官职，而且使不少人受到牵连。高欢看崔暹如此严厉，就告诫他的亲友和同僚说："崔暹是我的熟人，原先在我的兄弟手下做事，后来升迁至左丞吏部郎。当时我没有发现他的才能，现在他把咸阳王、司马令都弹劾了，可见他的胆识非同一般。尽管被弹劾的人中有许多都是我的布衣之交，关系很亲密，可我也救不了他们，你们可要多加小心哪！"

高欢非常钦佩崔暹的胆识，由于崔暹秉公执法，朝中风气大振。有一次，高欢握着崔暹的手说："从前朝廷不是没有法官，可是大臣、权贵们徇情枉法，无人弹劾。只有你能尽心为国，不避豪强，重树国法的权威，使群臣奉公守法。看来为国家冲锋陷阵的大有其人，那就是你崔暹呀！"高欢

元善见与高氏父子（妻北、高欢、北齐主高洋、东魏主元善见）

赠送给崔暹一匹良马，并亲自为他递上缰绳。

有一天，孝静帝在华林园宴请高欢，酒过三巡，孝静帝兴奋地说："我朝上下百官之中多有贪暴，侵剥下人，如果我臣之中有秉公执法、直言弹劾、不避亲戚的人，今天我就要亲自为他敬酒！"这时高欢走下台阶，当着众位大臣的面，大声说："唯有御史中尉崔暹一人可以接受陛下的劝酒！"孝静帝十分高兴地称赞说："崔暹为法，严峻公正！"

从此，崔暹威名日盛，朝廷内外莫不佩服。

典故出自《北齐书·崔暹传》："高祖握暹手而劳之曰：'……中尉尽心为国，不避豪强，遂使远迩肃清，群公奉法。冲锋陷阵，大有其人，当官正色，今始见之……'"

冲锋陷阵：后人用它形容作战勇敢。

叁
—— 人物故事

快刀斩乱麻

高洋墓壁画

东魏大丞相高欢当时有六个儿子，有一天，他为了考察儿子们处理事务的能力，就把六个儿子叫到跟前。他说："我这里有一大堆乱麻，现在发给你们每人一团，你们各自整理一下，看谁理得又快又好。"儿子们拿到麻后，紧张地整理起来，他们把乱麻一根根抽出来，然后再一根根理齐。有的手忙脚乱，还把丝麻结成了疙瘩。二儿子高洋则与众不同，他找来一把快刀，几下就斩断了乱麻。然后他对父亲说："快刀可以斩断乱麻！"高欢喜上眉梢，这孩子思路开阔、独辟蹊径，将来必定大有作为。

高洋，字子进，为高欢的次子，比哥哥高澄小八岁。由于父亲的爵位可以世袭，为了不被哥哥高澄猜忌，他便时常装出一副不问朝政的样子。不料高澄二十九岁时，在邺城被人刺死。事发突然，朝野震惊。高洋判若两人，他神色不变，指挥若定，迅速率兵包围帝宫，亲自捕杀刺客及同谋，同时严密封锁消息。高洋稳定邺城大局后，迅速返回晋阳，全面接管其兄的军政大权，进一步控制了东魏朝政。不久，高洋率卫队闯入皇宫，逼迫皇帝元善见让位，元善见见宫中四周钢刀出鞘，气氛森严，只好从命。第二天，高洋废掉了在位十七年的孝静帝，自立为帝，改国号为北齐，成为北齐的开国皇帝，称文宣帝，这时高洋年仅二十一岁。

高洋三十一岁时,因酗酒过度暴死于晋阳宫,死后遗体运至邺城,葬于东魏皇陵区,名为武宁陵,位于磁县县城西南两公里的湾漳村。1987年对该墓进行了发掘,出土随葬品两千余件,其中一千五百件为陶俑、陶牲畜等,组成了庞大的陶俑阵。墓道内三百米长的两组对称壁画极为壮观,东壁以青龙为先导,西壁以白虎为先导,各有五十三人组成仪仗队,仪仗队的上方绘有各种神兽、流云、莲花等图像,表现出墓主人极高的地位。

典故出自《北齐书·文宣帝纪》:"高祖尝试观诸子意识,各使治乱丝,帝独抽刀斩之,曰:'乱者须斩。'"

快刀斩乱麻:比喻办事果断、措施有力,快速地解决纷繁复杂的问题。

宁为玉碎，不为瓦全

高洋纵酒妄杀
明·帝鉴图说

公元550年，丞相高洋废掉了东魏孝静帝元善见，建立了北齐政权，当上了皇帝，史称文宣帝。

当年六月的一天，空中出现了日食。高洋认为这是一个不祥之兆，担心自己篡夺的皇位保不住，于是便把一个亲信召来问道："西汉末年王莽夺取了刘家的天下，为什么后来光武帝刘秀又能把天下夺回来呢？"亲信说不出什么道理，随便回答说："陛下，这要怪王莽自己了。因为他没有把刘氏的宗室人员斩尽杀绝。"

生性残忍的高洋听了亲信的话，马上大开杀戒，想把元帝的近亲斩草除根。他毒死了孝静帝的三个儿子，并把东魏宗室近亲四十四家共七百多人全部处死，连婴儿也未能幸免。

高洋的肆意杀戮使得元氏家族的远房宗亲也感到十分惶恐，担心高洋的屠刀随时会砍到他们头上。有个名叫元景安的大臣为了保全性命，串联了几个人商量对策说："眼下要保命的唯一办法是将我们的元氏改为高姓，以讨得高洋的欢心。"

元景安有位堂弟，名叫元景皓，他听到元景安的话之后非常气愤地说："怎么能用抛弃本宗、改为他姓的办法来保命呢？大丈夫宁可做玉器被打碎，也不愿做瓦器得以保全。我宁愿死而保持气节，也不愿为了活命而忍受屈辱！"

元景安为了保全自己的性命，卑鄙地把元景皓的这番话报告了高洋。高洋派人逮捕了元景皓，

湾漳高洋墓内的神兽图

立即将元景皓斩首，并且把他的家属遣送到彭城。元景安因告密有功而受到高洋的赏识，赐他姓高，并且官越做越大，一直升至大将军。

但是，残酷的屠杀并不能挽救北齐摇摇欲坠的政权。三个月后，高洋因病死去。十八年后，北齐王朝也覆灭了。

  成语出自《北齐书·元景安传》："岂得弃本宗，逐他姓，大丈夫宁可玉碎，不能瓦全。"

  宁可玉碎，不能瓦全：宁做玉器被打碎，不做瓦器而保全。比喻做人宁愿保持高尚的气节而死，也不愿丧失气节、苟且偷生。

瓜田李下

齐白石南瓜图

北齐有一名官员，名叫袁聿修，字叔德，出生于北朝的士族高门，是北魏中书令袁翻的儿子，小时候过继给叔父袁跃为子。因他父亲袁翻曾担任过度支尚书，相当于后来的户部尚书，袁聿修也曾担任吏部尚书，所以人称父子两尚书。南北朝选拔官员时，重视门第背景，所以，九岁时袁聿修就做了副州长（主簿），以"官二代"的身份进入官场。但袁聿修清心寡欲，与世无争。他平时话不多，但只要说话，必掷地有声。

有一年，袁聿修以大常少卿身份奉命去各地巡视，考察各地官员的政绩。他的好友邢邵在兖州当刺史，经过那里时，邢邵派人送给他一些白绸作为礼物，袁聿修说什么也不接受。为了说服老朋友，他特地写了一封言辞恳切的信，信中写道："今天我路过这里，非比寻常。这次我是奉命出来巡视民情、考察官吏的，你虽是我的好朋友，但礼物却无论如何不能收。瓜田李下，人言可畏，应像防御水患一样，注重自己的言行举止，希望你能理解我。"朋友读了袁聿修的信，深为感动，便回信说："先前的赠送，过于轻率，未加认真考虑，不经意间做了错事，请你原谅。收到你的来信，我并无不快。你过去是清正的郎中，今天又做了清正的少卿，十分令人敬佩。"

袁聿修所处的北齐后期，国政衰败、道德沦丧、权臣贪腐成风，政治生态极为恶劣，但他在尚书

北齐校书图
北齐·杨子华
美国波士顿美术馆藏

省任职十年，连"一升酒"的馈赠都没有接受过，"清郎"之名可谓是实至名归。

袁聿修任信州刺史时，勤政为民，在任三年间，路不拾遗、夜不闭户，境内没有偷盗和欺压人的现象，治安稳定，邻里和谐。当时朝官到各州巡察，周围四个州的长官，都受到弹劾，但朝官却根本就没有去信州，可见朝廷对他的充分信任。等到他任职期满返回京城时，送行的百姓挤满了道路。人们挎着篮子，带着酒肉，跟在车子后面挽留他。当时正是酷暑，为避免百姓过于劳累，袁聿修时不时地停下来，随手举起一杯酒，答谢百姓的厚意，并劝说百姓们回去。回到京城后，信州百姓筹集了几百匹布，七百多人联名请求为袁聿修立碑，记载他的功德。

成语出自《北齐书·袁聿修列传》，其中有一句是："瓜田李下，古人所慎。"意思是瓜田李下，必须避嫌，古人对此是十分慎重的。

瓜田李下：意思是说，经过瓜田时，不要弯下身来提鞋，免得人家怀疑是摘瓜；路过李树林子时，不要举起手来整理帽子，免得人家怀疑是摘李子。后来人们将这句成语扩展为"瓜田不纳履，李下不整冠"，避免招惹无端的猜疑。

脑满肠肥

斛律光像

高俨是北齐武成帝高湛的第三个儿子，很受高湛宠爱。高俨经常代替父皇在含光殿办公，由于他少年老成，王公大臣都特别畏惧他。高湛暴死后，高俨的哥哥高纬继位，高俨被封为琅邪王。高纬的宠臣和士开很怕高俨，对人说："琅邪王眼光奕奕，数步射人，在他面前站一会儿就吓出一身大汗，在皇帝面前我都没有这种感觉。"和士开不仅是高湛和高纬的宠臣，还是高纬、高俨的母亲胡皇后的情夫。高俨眼见母亲与和士开整日厮混，感到无比羞耻与愤怒。他虽然只有十四岁，却很有主见。他了解到姨夫冯子琮与和士开不和，就与冯子琮打得火热，并制订了铲除和士开的计划。他把弹劾和士开的奏折和许多奏章掺杂在一起，奏请高纬批准，高纬没细看就同意了。

公元571年农历七月二十五日早晨，和士开还像往常一样进宫早朝，宫人给他送上了一道皇帝诏令，请他到御史台议事。和士开未生疑心，不料却掉入了高俨的陷阱。高俨怕夜长梦多，便快刀斩乱麻，就地将和士开正法，并带人抄了他的家。胡太后闻报，又悲又气、心如刀割，她没想到年轻的儿子竟如此胆大妄为，正想派人去抓高俨治罪，听说高俨拥兵三千，正聚集于千秋门外。高纬闻报更是盛怒不已，亲点四百军士准备出宫决战，却又迟疑了，他怕真把高俨逼急了，杀入皇宫，后果就不堪设想了。

正在危急之中，胡太后想起了自己的儿女亲

北齐墓壁画

家斛律光，忙派人请他入宫救驾。斛律光进宫以后，见高纬正在调集兵马出战，上前劝谏道："小孩子一时受人蛊惑，终究成不了大事，真的交起手来，反容易激起变乱。皇上不如亲自去千秋门，琅邪王见了您，一定不敢轻举妄动。"高纬一向敬仰斛律光，当即依言而行，随着斛律光来到千秋门。斛律光见了铠甲锃亮的琅邪王高俨，赶紧抓住高俨的手，把他拉到高纬跟前，要他向皇帝谢罪，笑着说："天子的弟弟杀掉一名奴才，没什么大不了的，何必惊慌！琅邪王年纪尚少，终日肠肥脑满，养尊处优，做事鲁莽，长大后自然就不会这样了，请皇上宽恕他。"高俨向高纬请罪，高纬顺手抽出佩刀，用刀柄狠狠在弟弟头上打了几下，强压怒火，放走了高俨。而参与这场暴乱的冯子琮等则被活活绞死。

这件事过后，高纬总感到十分不安，他认为高俨非久居人下之人，处心积虑地要收拾高俨。胡太后也感觉到了高纬的威胁，她把高俨藏在自己宫中，以防高纬加害。平日饮食，都要一一亲尝，确定无毒才让高俨吃下。一天，高纬对胡太后说，明日一早，他准备和高俨一起去郊外狩猎，没想到胡太后竟稀里糊涂地答应了。第二天凌晨，乘着胡太后正在熟睡，高俨被高纬的卫士带出宫，刚走到永巷，一班武士便一拥而上，当场把高俨勒死。

典故出自《北齐书·琅邪王俨传》:"执其手,强引以前,请帝曰:'琅邪王年少,肠肥脑满,轻为举措,长大自不复然,愿宽其罪。'"

脑满肠肥:脑满,指肥头大耳,肠肥,指大腹便便。形容饱食终日、无所用心的样子。

成语景观

——成语景观

女娲补天与娲皇宫

女娲大典

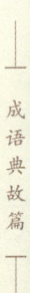

娲皇古迹牌坊

涉县娲皇宫是为祭祀中国古代著名神话传说中的女娲而修建的。据《淮南子·览冥训》《独异志》等典籍记载，女娲曾抟土造人、送子继嗣，"炼五色石以补苍天，断鳌足以立四极"，使人类和万物得以生息和繁衍，从而赢得人们对她的崇敬与怀念。

娲皇宫位于涉县西北凤凰山上，这里群山叠翠、流水环绕、风景秀丽。北齐文宣帝高洋选中这里修建了离宫，成为他往返邺城至晋阳途中拜佛歇息的场所。

娲皇宫设在山势险峻的山腰上，宽广的平台上建有娲皇阁、梳妆楼、迎爽楼、钟鼓楼、六角亭、木牌坊、皮疡王庙、水池房及山门等大小十二座建筑。娲皇阁是娲皇宫的主体建筑，坐东朝西，背靠断壁，高达23米，为四层楼阁，一层为拜殿，其他分别为"清虚阁""造化阁"与"补天阁"，歇山式琉璃瓦顶，依山就势，结构奇巧。背靠山崖处有八根铁索，凿崖而系，将楼阁缚在绝壁峭崖之上。若游客盈楼，铁索即伸展，绷如弓弦，使楼体前倾，故有"吊庙"之美称，构思奇巧，堪称中国建筑之一绝。登上娲皇阁，极目远眺，太行如涛，漳水如带，美景尽收眼底。

每年农历三月十八日为女娲的诞辰之日，来自四面八方的民众到此朝拜女娲，迄今已有千余年的历史。从2003年起，每年9月在女娲广场举行公祭女娲大典活动。2006年6月,"女娲祭典"被国务院列入首批国家非物质文化遗产名录,使娲皇宫成为全国知名的华夏始祖朝拜的圣地。

成语景观

河伯娶妇与西门豹祠

漳河畔的西门豹祠堂碑

西门大夫祠位于河南安阳市北20公里的丰乐镇村东。它矗立于漳河南岸，与河北磁县、临漳县只有一河之隔。战国时期，这里同属魏国的邺郡。西门豹为邺令时，治水惩巫，使邺郡民富兵强，为人民所爱戴。后人为了纪念西门豹治邺的功绩，东汉时就在丰乐镇村东修造了一座"豹神庙"进行祭祀。宋仁宗嘉祐元年(1056年)，邺县令马益把西门豹着帝王袍服、冠冕的神像改为古县令的衣帽，把"豹神庙"换为"西门大夫祠"。祠庙坐北朝南，一串三院，建有三座大殿，各院东西两侧都建有厢房。第三个大殿内有西门豹塑像，两侧围墙上绘有西门豹的故事。每年这里庙会时，人山人海，盛况空前。

西门大夫祠后来曾多次修葺，清代毁于水患。遗址西北高土台上只残存一道碑廊，南侧独碑为一通地界碑，北侧嵌有四块碑，其中两侧为竖碑，中间为两块横碑。

左侧的竖碑为明弘治七年(1494年)所立的《重修魏邺令二公庙记》碑，右侧的竖碑为北宋仁宗嘉祐二年(1057年)七月所立，由碑首、碑身、碑座组成，通高1.73米，宽0.9米，厚0.18米。碑额篆书"西门大夫庙记"六字，碑文十七行，行满三十四字，为宋代邺县令马益之兄马需撰文，马益立碑，碑文拓片曾于1978年赴日本展出。

中间的两块横碑中，上面的一块为重点文物

保护单位标志碑，下面的一块为清道光二十七年(1847年)所立的《重修邺二大夫祠记》，碑文历经风雨的剥蚀，字迹已斑驳不清，显示着历史的沧桑，聆听着漳水的流淌。

围魏救赵与大名马陵道

马陵古道

东晋徐广在《史记音义》一书中曾说"马陵在魏州元城县（今河北大名）东南一里。"《方舆纪要》载：马陵道在大名府东南十五里。现大名县东南有六个名为马陵的村庄，分别是：西马陵、东马陵、李马陵、刘马陵、江马陵、郭马陵。

春秋时大名一带名叫五鹿城，因这里有五座连绵起伏的沙丘，如同五头奔跑的鹿，所以称作五鹿城。元城的东部就是五鹿城的遗址，古时这里沟壑相连、丘陵起伏、林木茂盛，为设兵埋伏的有利地形。

邯郸学步与学步桥

学步桥牌坊

学步桥位于邯郸市区城里街北段，是横跨沁河的一座拱券石桥，为古城南北的交通要冲，史称"三辅锁钥"。沁河原名牛首水，西出紫山，东贯邯郸，注入滏阳河。昔日河水荡漾，夹岸杨柳成荫，为赵都一大景观，北魏郦道元《水经注》云："洪湍双逝，澄映两川。"

古桥原为木架结构，常遭洪水冲击而使道路中断。据《邯郸县志》载：每逢秋水暴涨，沁河两岸咫尺天涯，交通极为不便。明万历四十五年(1617年)改建为七孔石拱桥，通高8米，全长32米，桥面宽9米，两旁各19块栏板，板间各立18根望柱，板柱雕有历史人物和精美的狮子、猴子等动物。桥体结构坚固、造型美观，具有显明的民族建筑风格。其名学步桥源于《庄子·秋水》篇中"邯郸学步"的典故。

1987年重修学步桥，并于2002年建成学步桥广场。利用古桥、牌坊、建筑小品、雕塑、石刻、植物等，将古赵文化与自然园林巧妙地结合起来，桥北头立有"学步桥"石碣，桥南立有"邯郸学步"的雕塑，创出了独具特色的园林文化景观。

成语典故篇

学步桥新貌

成语景观

负荆请罪与回车巷

回车巷石刻

回车巷

回车巷位于邯郸市区城中街南段,全长约75米,宽1.8米。相传战国时期赵国上卿蔺相如曾在此处为大将廉颇回车让路,故名蔺相如回车巷。

蔺相如回车的故事为后人所乐道,其巷名称也由来已久。明代万历十二年(1584年),邯郸知县肃察曾在此巷东口墙上镶有石碑,碑上刻有"蔺相如回车巷"六个大字。1957年修民房时,将石刻取下镶在水泥碑坊内,并增添了说明。

现在所看到的石碑于1981年重立,并建石柱碑亭。碑亭高4.4米、宽2.3米,碑高1.63米、宽1.1米、厚0.27米,碑文由汤振宇撰写、李守诚书、张水旺刻。碑上横额"蔺相如回车巷"六字为河北省原省长李尔重书。碑文记载了蔺相如以国家利益为重,为廉颇回车让路,使将相和好的历史故事流传后世。

罗敷采桑与罗敷潭

罗敷塑像

罗敷潭位于距邯郸市西北10公里的邯郸县三陵乡姜窑村西的古石龙景区。传说美女秦罗敷是姜窑村人，许配给赵王刘良的家令王仁为妻。有一次罗敷出外采桑时，被赵王登台看见，欲夺为己有，罗敷不从，弹筝作《陌上桑》，以表明心志。后被赵王所逼，投潭身死。汉乐府《陌上桑》描写的就是关于罗敷的故事。

在姜窑村西北龙兴寺遗址之西有一条小溪，溪边有一潭，夹在两座丘陵之间，原名"黑龙潭"。潭呈西北、东南走向，长100米，出口宽40，深200米。每逢夏秋，常有白气起于潭中，上达云际，历久不散，似黑龙吸水，故名"黑龙潭"。因罗

罗敷塑像下为罗敷潭

敷投潭而死,后人为了纪念罗敷,将"黑龙潭"改为"罗敷潭"。过去,潭水岸边有桑田百亩,传说是罗敷采桑的地方。

罗敷潭为输元河源头之一,潭的上游泉眼喷涌,一到雨季,洪水顺山而下,汇至潭崖,猛然跌落,水声轰鸣,形成壮观的罗敷潭瀑布。唐朝大诗人李白来此游览时曾写下了《春游罗敷潭》一诗:"行歌入谷口,路尽无人跻。攀崖度绝壑,弄水寻回溪。云从石上起,客到花间迷。淹留未尽兴,日落群峰西。"景区内有罗敷投潭的罗敷崖及罗敷墓,并恢复了桑树如林的百亩桑园。

文姬归汉与铜雀台

成语景观

铜雀三台

铜雀台遗址

铜雀台位于邯郸市临漳县城西 17 公里的三台村西,这里原是三国时邺城的旧址,它前临漳水,西临太行,虎视中原,凝聚着一派霸王之气。建安十五年(210 年),曹操取得北征、东进等胜利之后开始兴土木,在邺城的东北角建成了铜雀、金凤、冰井三台。铜雀台位于三台中间,南与金凤、北与冰井相隔 60 步,三台用阁道式浮桥相连接。其中铜雀台最为壮观,台上楼宇连阙,飞阁重檐,雕梁画栋,气势恢宏。建成之日,曹操在台上大宴群臣，慷慨陈述自己匡复天下的决心和胸怀，又命武将比武、文官作诗以助兴。一时间，曹氏父子与文武百官觥筹交错、对酒高歌，大殿上鼓乐喧天、歌舞阵阵，盛况空前。

汉末，曹操用重金从匈奴赎回著名才女蔡文姬，在铜雀台上接见并宴请她，蔡文姬便在此弹奏了著名的《胡笳十八拍》。铜雀台及其东侧的铜雀园，是邺下文人进行创作活动的乐园。曹操、曹丕、曹植、王粲、刘帧、陈琳、徐干、蔡文姬、邯郸淳等经常聚集在铜雀台，慷慨任气，赋文作诗，抒发建功立业的雄心壮志。由于当时为汉献帝建安年代，故后世称为"建安文学"。铜雀台名闻中外，历代名人题咏甚多，最为著名的是唐代诗人杜牧的："折戟沉沙铁未销，自将磨洗认前朝。东风不与周郎便，铜雀春深锁二乔。"

如今历经了千年风雨洗蚀，昔日的铜雀台、冰井台已被漳河冲毁，只余金凤台静卧在蓑草斜阳中。清代吕维其在《登铜雀二首》诗跋语中说："所谓南城、北城、金凤、冰井皆不可复识，唯见孤台荒庙，漳水汤汤而已。"在金凤台遗址前修建了三台广场，一代枭雄曹操的塑像矗立在广场中央，展示出他雄霸天下的英雄豪气。

黄粱美梦与吕仙祠

吕祖殿

成语典故篇

194

黄粱梦吕仙祠位于邯郸市北10公里处的邯郸县黄粱梦镇黄粱梦村，占地面积14000平方米，是一组历史悠久、规模宏伟、保存较好的古建筑群。景区内朱垣掩映，绿树郁葱，碧波荡漾，青烟飘袅，集北方道观之幽静和江南园林之清丽于一身，是国内唯一以梦为载体的文化景区，也因成语"黄粱美梦"而在国内外享有较高的知名度。

黄粱梦吕仙祠依托唐代沈既济的传奇小说《枕中记》而建，始建于宋代，明嘉靖三十三年（1554年）重修扩建，嘉靖皇帝下诏拨款，并赐匾"风雷隆一仙宫"，后历代均有维修。

吕仙祠坐北朝南，而门却西向古邯郸道。门上有当代著名书法家启功书写的"邯郸古观"匾额。进门为前院，迎门是一座双层八仙楼阁，院南照壁嵌有"蓬莱仙境"四方石刻，每个字五尺见方，笔势飞舞，苍劲有力。与照壁相对的是丹房，过丹门为中院，院内建有莲池，池中建桥，中央有八角亭，恬静典雅。周围红墙环绕，池中荷花飘香，令人心旷神怡。池北有三门，中门便是午门，上书"神仙洞府"，东西两侧为月亮门。

进午门便是南北中轴线上的三座主建筑，从南至北依次为钟离殿、吕祖殿、卢生殿。钟离殿东西有钟楼、鼓楼，院内古柏参天，花木葱绿。吕祖殿内塑吕洞宾和童子像，殿前有拜殿和月台，两侧为东王母殿和西王公殿各七间。

八角亭

成语典故篇

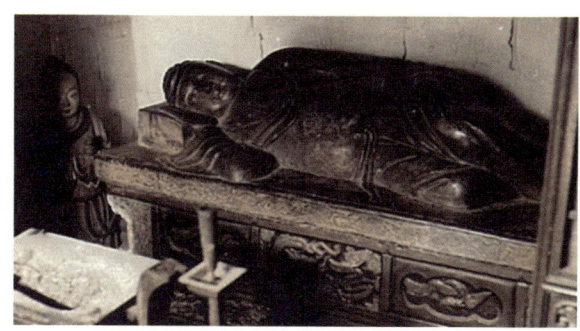

卢生祠内的明代青石卧像

最北处为卢生殿,门额书"卢生祠"三个大字。殿两侧有一幅颇富哲理的对联:"睡至二三更时凡功名都成幻境,想到一百年后无少长俱是古人。"殿内有大青石雕刻的卢生睡像,头西足东,侧身而卧,两腿微曲,睡意蒙眬,惟妙惟肖。墙壁上绘有彩色壁画,展现了卢生黄粱美梦中的情景。

三座大殿的两侧有东西行宫,分别是光绪帝和慈禧的行宫。1900年八国联军侵入北京,光绪、慈禧西逃长安,清政府签订了卖国的《辛丑条约》后,他们从长安返京,沿途建了许多行宫,这里便是其中一处。园区的东部还建有一座中国名梦馆,用彩色壁画展现了古今灿烂的梦文化。

吕仙祠中的大小建筑均错落有致,诗碑楹联,妙趣横生;假山亭榭,精巧典雅;花木扶疏,环境幽雅,为中国著名的古园林之一。

梅开二度与武灵丛台

丛台门阁上的二度梅刻石

丛台坐落于邯郸市中华大街北段的丛台公园内，是古城邯郸的象征。颜师古《汉书注》称，因众多楼台相连，"连聚非一，故名丛台"。相传始建于战国赵武灵王时期，所以也称作"武灵丛台"。丛台上原有天桥、雪洞、花苑、妆阁等诸多景致，当时曾以其结构奇特严谨、装饰精雅美妙而名扬列国。古人曾用"天桥接汉若长虹，雪洞迷离如银海"的诗句来描绘丛台的壮观，唐代大诗人李白、杜甫、白居易等都曾登台挥毫题诗，抒怀言志，留下了不少诗篇。

现存古丛台重修于清代，分上中下三层，占地3500平方米，高27米。南北各开一门，南门前有明万历二十一年（1593年）立的《赵武灵丛台遗址》碑，碑面阴刻"赵武灵丛台遗址"七个楷书大字。进南门可见右侧壁上镶嵌着"滏流东渐，紫气西来"八字石刻。南门高阶上一碑赫然耸立，上面镌刻着现代著名历史学家郭沫若于1961年登丛台时所写的七律诗，碑阴有四个苍劲有力的大字："武灵丛台"，为冀南书法名人李鹤亭所书。北门高阶上的大石碑是清朝乾隆皇帝1750年9月游江南途经邯郸登丛台时亲笔书写的诗碑，正面刻有乾隆的七律诗《登丛台》，碑阴镌刻着乾隆的七古《邯郸行》。

丛台的二层有武灵馆、回澜亭。武灵馆座北朝南，是为纪念赵武灵王而修建的，著名书法家于右任先生题一联,悬于馆前楹柱上:"置酒高台上,由来慷慨悲歌地;平胡传祓服,莫负风云际会身。"台面周围的墙壁上镶嵌有七方碑碣,其中,清末进士王琴堂的梅花刻石与举人李世昌的兰花石碣倍受游人赞扬。

丛台的三层为台顶,呈圆形平台,顺台阶环绕而上,面南的拱形门楣上书有"武灵丛台"几个烫金大字,阴面门楣上有"夫妻南北,兄妹沾襟"八个朱红大字,流传很广的"忠孝节义二度梅"的故事就发生在这里。到外邦和亲的陈杏元由梅良玉相送,一程泪一程血行至邯郸,携手登上武灵丛台,并在此哭别。在丛台南边,有一个占地1173平方米的"二度梅园",园的主体建筑是一尊塑像,表现了梅良玉与陈杏元二人含情脉脉、生离死别、难分难舍的情景。

东汉光武帝刘秀就是在丛台上奠定了自己的霸业。西汉末年,更始帝刘玄从长安派来尚书仆射谢躬,名义上是帮助刘秀消灭王郎,实际上是来监视刘秀的。于是刘秀摆下鸿门宴,在丛台上置酒高会,刘秀在酒宴上谋杀谢躬不成,宴会后则与谢躬的主将马武登上丛台,笼络马武,使马武归附刘秀,壮大了自己的势力,于第二年(25年)建立了东汉王朝。

台上建有一座据胜亭,其意是在防御时据此者必胜。

登上据胜亭，可以纵览古城风光。2002年10月12日，我国国家邮政局与斯洛伐克联合发行《亭台与城堡》特种邮票一套两枚，其中一枚为中国"邯郸丛台"，使丛台成为国家的一张名片。

主 编

丁 伟

副主编

潘 璐　陈邢魁

编 委

李志刚　李亚萍　田 锋

范志国　刘秀君　李晓玲

本书部分图片作者的情况（姓名、通讯地址等）不详，请有关作者与本书的责任编辑联系，以便奉上稿酬与样书。

联系地址：河北教育出版社学术读物编辑室
　　　　　（石家庄市联盟路705号）

邮政编码：050061

联系电话：0311-88643532